马克思主义简明读本

合作社理论

丛书主编：韩喜平

本书著者：孙　贺

编 委 会：韩喜平　邵彦敏　吴宏政
　　　　　王为全　罗克全　张中国
　　　　　王　颖　石　英　里光年

吉林出版集团股份有限公司

图书在版编目（ＣＩＰ）数据

合作社理论 / 孙贺著. —— 长春：吉林出版集团股份有限公司，2013.9
（2019.2重印）
（马克思主义简明读本）

ISBN 978-7-5534-2608-2

Ⅰ. ①合… Ⅱ. ①孙… Ⅲ. ①马克思主义—合作社—理论研究 Ⅳ.
①A811.66

中国版本图书馆CIP数据核字(2013)第174289号

合作社理论
HEZUO SHE LILUN

丛书主编： 韩喜平
本书著者： 孙　贺
项目策划： 周海英　耿　宏
项目负责： 周海英　耿　宏　宫志伟
责任编辑： 陈　曲
出　　版： 吉林出版集团股份有限公司
发　　行： 吉林出版集团社科图书有限公司
电　　话： 0431-86012746
印　　刷： 北京一鑫印务有限责任公司
开　　本： 710mm×960mm　1/16
字　　数： 100千字
印　　张： 12
版　　次： 2013年9月第1版
印　　次： 2019年2月第2次印刷
书　　号： ISBN 978-7-5534-2608-2
定　　价： 29.70元

如发现印装质量问题，影响阅读，请与出版方联系调换。0431-86012746

序　言

习近平总书记指出，青年最富有朝气、最富有梦想，青年兴则国家兴，青年强则国家强。青年是民族的未来，"中国梦"是我们的，更是青年一代的，实现中华民族伟大复兴的"中国梦"需要依靠广大青年的不断努力。

要提高青年人的理论素养。理论是科学化、系统化、观念化的复杂知识体系，也是认识问题、分析问题、解决问题的思想方法和工作方法。青年正处于世界观、方法论形成的关键时期，特别是在知识爆炸、文化快餐消费盛行的今天，如果能够静下心来学习一点理论知识，对于提高他们分析问题、辨别是非的能力有着很大的帮助。

要提高青年人的政治理论素养。青年是祖国的未来，是社会主义的建设者和接班人。党的十八大报告指出，回首近代以来中国波澜壮阔的历史，展望中华民族充满希望的未来，我们得出一个坚定的结论——实现中华民族伟大复兴，必须坚定不移地走中国特色社会主义道路。要建立青年人对中国特色社会主义的道路自信、理论自信、制度自信，就必须要对他们进行马克思主义理论教育，特别是中国特色社会主义理论体系教育。

要提高青年人的创新能力。创新是推动民族进步和社会发展的不竭动力，培养青年人的创新能力是全社会的重要职责。但创新从来都是继承与发展的统一，它需要知识的积淀，需要理论素养的提升。马克思主义理论是人类社会最为重大的理论创新，系统地学习马克思主义理论有助于青年人创新能力的提升。

要培养青年人的远大志向。"一个民族只有拥有那些关注天空的人，这个民族才有希望。如果一个民族只是关心眼下脚下的事情，这个民族是没有未来的。"马克思主义是关注人类自由与解放的理论，是胸怀世界、关注人类的理论，青年人志存高远，奋发有为，应该学会用马克思主义理论武装自己，胸怀世界，关注人类。

正是基于以上几点考虑，我们编写了这套《马克思主义简明读本》系列丛书，以便更全面地展示马克思主义理论基础知识。希望青年朋友们通过学习，能够切实收到成效。

韩喜平

2013年8月

目　录

引　言

　　合作社作为一种世界现象最早出现于18世纪70年代末。19世纪初期，英国卓越的空想社会主义者欧文于1817年在《致工业贫民救济委员会的报告》中最先提出合作社一词。在这篇报告中，他主张广泛地建立合作新村或合作公社。

　　合作社是一种起源于资本主义制度下、以工人阶级运动形式出现的、反映工人阶级利益表达途径的经济组织，是无产阶级联合起来共同抵抗资产阶级剥削的组织载体。世界上第一个合作社——罗虚代尔公平先锋社就是典型代表。然而，随着时代的发展和社会的变迁，合作社的概念、内涵、原则、功能、形式等都发生了改变。先后经历了空间上由城市到农村、主体上由市民到农民、内容上由消费到生产、使命上由阶级斗争到生产发展、产业上由第三产业到第一产业的转变。这一系列复杂演变使得人们容易被眼前的现象所遮蔽，而忽视它本来的面目，从而造成"只见树木，不见森林"、"一叶障目，不见泰山"等片面认识合作社的现象。

合作社作为一种在世界上至今仍发挥着重要作用和影响的组织形式,是刻画社会发展的重要缩影,具有浓厚的时代烙印。从国际合作社运动的发展史看,由于各国政治、经济、历史、地理等方面的差异,各国合作社的特征也各不相同,形式也多种多样。19世纪20年代至30年代,无产阶级作为资产阶级的天然克星逐渐登上历史舞台。马克思、恩格斯、列宁作为伟大的无产阶级革命导师,从理论和实践上都时刻关注着合作社的发展。在总结国际合作社运动的历史实践与经验的基础上,从无产阶级革命和社会主义制度建设着眼,以推翻生产资料私人占有的资本主义制度,建立生产资料公有的社会主义制度为主要目标,在批判地吸收和借鉴前人理论成果的基础上,形成了较为完整的无产阶级合作社理论。这是马克思主义合作社理论家和实践家与其他的合作社理论家及实践家的根本不同之处。因此,系统地梳理马克思主义合作社理论的发展演变过程对全面认识马克思主义合作社理论的科学性和实践性具有重要的现实意义。本书在坚持文本分析和解读马克思、恩格斯和列宁的合作社理论这一主线基础上,一方面回溯合作社的上游,系统梳理合作社产生、发展、运动及相关学派的典型观点和政策主张；另一方面，从演绎史的角度，详细介绍马克思、恩格斯和列宁的合作社理论及其在中国的实践和发展。

在马克思主义合作社理论的发展进程中，随着社会政治、经济、思想的发展，合作社理论不断创新、发展并与时俱进。在这一过程中发生了两次伟大的理论转变。第一次是关于资本主义社会中合作社实现模式的论述。马克思、恩格斯运用唯物史观的方法，科学地分析了在资本主义社会化大生产条件下，生产资料私人占有制与社会化大生产之间这对基本矛盾具有不可调适性，从理论上揭示了合作社的诞生具有客观可能性和历史必然性，并进一步论证了合作社作为向共产主义社会过渡的中间环节所担负的历史使命和现实价值，使合作社理论成为科学社会主义的一个重要组成部分。从而，划清了与小资产阶级和改良主义关于合作社理论的界线，彻底解除了空想社会主义理论构建上的空白性和实施过程的盲目性。第二次是关于社会主义建设中合作社实现模式的选择。列宁作为马克思、恩格斯合作社理论的继承者和发展者，一方面，把合作社理论引进实践，对经济文化相对落后的国家建设和发展合作社的途径和方法等问题进行了全新的探索；另一方面，发展和充实了马克思和恩格斯的合作社理论，系统地分析了合作社的意义、原则、任务、性质等内容。中华人民共和国成立后，毛泽东、刘少奇等中国共产党人把马克思主义合作社理论与中国的具体国情相结合，在理论上，创造性地发展了马克思主义合作社理论；在实践中，探索了中国合作社发展的路径和方法，从而形成了具有中国特色的社会主义合作社理论体系和发展道路。建国60多年，合作社在实现农业生产资料的社会主义改造和社会主义新农村建设过程中发挥着重要的组织载体功能，为中国社会主义农业现代化建设奠定了重要的组织基础和组织保障。

第一章　什么是合作社？

自1777年以来，合作社作为一种现象已经存在了230多年，至今仍在世界范围内广泛存在，且日益发挥着重要组织作用。本节主要回答合作社的概念、宗旨、原则、功能、类型和发展历程等基础性问题，意在使学生从整体上把握合作社的全貌。

第一节　合作社的概念

合作社产生于欧洲工业革命时期的英国。最早有记录的是英格兰的沃尔维奇和查特姆造船厂工人，于1760年创办的合作磨坊和合作面包坊。19世纪20年代，英国掀起轰轰烈烈的工人运动，各种合作社思想流派随之出现并相继形成，合作社运动也蓬勃兴起。从1844年世界第一个成功的合作社诞生以来，合作社经历了160多年的发展，概念几经演绎，世界不同地区、不同国家的界定不一致。

荷兰《农业合作社法》规定："合作社是长期从事经营活动的农民组织，共同核算，共同承担风险，同时保持农业活动的独立性以及使有关的经济活动尽可能多地获得利润的组织。"德国《合作社法》规定：合作社是"成员数量不限，以增进成员的收益和经营为目的，并通过共同经营的企业来实现这一目的的团体"。中国台湾地区《合作社法》规定："本法所称合作社，谓依平等原则，在互助组织之基础上，以共同经营方法，谋社员经济之利益与生活之改善，而其社员人数及股金总额均可变动之团体。"美国农业部农村商业和合作社发展中心的定义：合作社是一种"用户所有、用户控制和用户受益的公司型企业"。美国威斯康星大学合作社研究中心（UWCC）："合作社是其成员雇主自愿拥有和控制，在保本或者非盈利基础上由他们自己为自己经营的企业。"

一般来说，对合作社概念的界定主要来自制度学派和企业学派的观点。

（一）合作社的社会制度观点

德国经济学家李弗曼认为，合作社是共同经营业务的方法，并以促进或改善社员家计或生产经营为目的的经济制度。德国经济学家戈龙费尔德认为，合作社是中小经营者基于自己意志的结合。他把合作社看成是一种在追求私人利益的同时，实现社会政策目标的经济制度。马克思、列宁认为，合作社就是生产者联合劳动的制度，要以这种制度代替资本主义雇佣劳动制度。他们把合作社看成是一种社会经济制度。

（二）合作社的企业观点

美国合作经济学家巴克尔认为合作社是社员自有自享的团体，全体社员有平等的分配权，并以社员对合作社的利用额为依据分配其盈余，合作社是与私人企业、公司制企业不相同的一种事业。在第九届亚太合作社部长会议上，将合作社定义为根据合作原则建立的以优化社员（单位或个人）经济利益为目的的非营利企业形式。1995年国际合作社联盟第31届代表大会规定：合作社是人们自愿联合、通过共同所有和民主控制的企业，来满足社员经济、社会和文化方面的共同需求和渴望的自治组织。

中国于2006年10月31日第十届全国人民代表大会常务委员会第二十四次会议通过《中华人民共和国农民专业合作社法》，中华人民共和国主席胡锦涛签署了第五十七号令，并于2007年7月1日起施行。本法将合作社定义为是在农村家庭承包经营基础上，同类农产品的生产经营者或者同类农业生产经营服务的提供者、利用者，自愿联合、民主管理的互助性经济组织。这是中国对合作社的概念在法律高度上予以确立。

第二节　合作社的原则

合作社原则是合作社将他们的价值付诸实施的指导方针。《国际合作社联盟章程》第五条规定：任何个人和社会团体组成的协会，只要是力图通过一个互助性企业实现改善其会员的经济和社会状况的，并遵循国际合作社联盟全球大会的合作社原则声明的，都应被视为合作社组织。

一、《中华人民共和国农民专业合作社法》中的合作社原则

2007年7月1日开始施行的《中华人民共和国农民专业合作社法》规定，农民专业合作社建设应当遵循下列原则：

（一）成员以农民为主体；

（二）以服务成员为宗旨，谋求全体成员的共同利益；

（三）入社自愿、退社自由；

（四）成员地位平等，实行民主管理；

（五）盈余主要按照成员与农民专业合作社的交易量

（额）比例返还。

二、《国际合作社联盟章程》中的合作社原则

1995年，国际合作社联盟在曼彻斯特大会上，经过修改后确定了合作社七项原则：

原则一：自愿、开放的会员资格。合作社是自愿组成的组织，它的会员资格是对所有能利用它的服务并愿意承担会员义务的人开放的，没有人为的限制或任何社会、政治、种族和宗教的歧视。

原则二：成员的民主管理。合作社是民主的组织，它的事务由积极参与政策制定和决策的成员管理。被选出的男女代表应对成员负责。在基层合作社中，社员拥有平等的投票权（即每成员一票），其他级别的合作社也按民主的方式进行组织。

原则三：成员经济参与。成员均摊合作社资本，并对其进行民主管理。部分资本常常表现为合作社的共有资产。成员在贡献使其取得成员资格的资本后，可取得有限的补偿。成员按照以下所有或几项目的分配盈余：通过建立储备金发展他们的合作社，储备金中至少有一部分是不可分的；根据与合作社的交易额按比例奖励成员；成员批准的其他活动。

原则四：独立性与自主性。合作社是由它们的成员所控制的自主、自助的组织。在它们与其他组织，包括政府，签订协定，或从外部获取资本时，必须要保证它们的成员的民主管理及合作社的自主性。

原则五：教育、培训与信息。合作社为它们的成员、获选代表、管理者和雇员提供教育和培训，以便他们有效地促进合作社的发展。他们告知公众，特别是青年和社会团体的领导人合作的本质与益处。

原则六：合作社间的合作。合作社通过地方、国家、地区和国际上的合作才能最有效地服务于其成员并发展合作社运动。

原则七：关注社会。合作社通过采用其成员核准的政策，促进其所处社会的可持续发展。

第三节　合作社的功能

合作社的基本功能是满足社员共同的经济和社会需求。《中华人民共和国农民专业合作社法》这样界定其功能："农民专业合作社以其成员为主要服务对象，提供农业生产资料的购买，农产品的销售、加工、运输、贮藏以及与农业生产经营有关的技术、信息等服务。"总体来说,合作社功能包括经济功能和社会功能两个大类,并衍生出其他多种小类功能。

（一）规模集成功能。中国特色的规模效益是把一个一个农户联合起来、形成统一农产品的群体规模。合作社能够达到小规模、大批量的效果,这是合作社最主要的功能。

（二）技术传递功能。合作社就像海绵吸水一样,把新的实用技术源源不断地吸纳起来,传播出去。

（三）教育培训功能。通过提高社员的综合素质,增强谋生能力,起到启智功能;通过培养民众的合作意识,增强参与市场竞争能力,起到教化功能;通过传播合作社文化,光大合作社精神,起到传承功能。

（四）信息集合功能。对于农产品的客户来讲,产品、产地、产品的主人都是具体的,货物的品种、规格、数量都是确定的。对于农户来讲,生产资料的来源、产品的去向、数量、价格也是确切的。合作社是这些信息的集中点。

（五）作业同步功能。合作社对各户生产的品种、耕作技术、采用的农药、收获产品的时间及产品规格等提出统一要求,这样就在发挥家庭积极性的同时,实现了生产中的协调,为生产后的合作打下了基础。

（六）能力互补功能。在合作社内部，农户之间的能力各有长短。有的擅长于田间耕作生产技术，有的擅长于机械作业技术，有的擅长于社会交往，合作社在服务中可以发挥成员各自的专长，实现成员之间能力互补，收到分工协作的效果。

（七）产业开发功能。合作社有能力组织市场调查，搞新品种试验示范，开展技术辅导和组织产品整理，在较短的时间实现产业开发，形成生产能力。

（八）科技示范功能。科技是第一生产力，但要把科技转化为真正的生产力，却不是一件轻而易举的事，农民专业合作社能够克服科技与农民实际应用之间的"脱节"现象。

（九）市场开拓功能。解决农产品"卖难"是提高农民收入的关键，而解决这一难题恰恰是农民专业合作社的"强项"。通过农民专业合作社的桥梁作用，社员之间互通信息，调剂余缺，更为有效地拓展农产品市场，扩大农产品销售。

（十）抵御风险功能。我国农业的社会化服务体系还很不完善，农民发展商品生产存在较多的不确定因素。农民专业合作社能够应对农业发展中的自然风险、市场风险、农资风险、技术风险，等等。

（十一）降低成本功能。在市场经济条件下，规模效益是最大的效益。农民专业合作社把一家一户的农民组织起来，有效地提高农民的组织化程度，改变了农民在市场上的弱势地位，有利于降低农民的生产成本，提高农民收益。

第四节　合作社的类型

合作社类型是合作社在内容、形式、存在方式和特点上的划分，是一类合作社区别于另一类合作社的鲜明依据。自欧洲合作社运动伊始，合作社的类型不断丰富和发展，涉及生产和生活的各个领域。

一、早期合作社类型

19世纪后期工人运动不断发展，促进了资本主义世界各国合作社运动的壮大，合作社在内容和形式上逐渐形成了以英国为代表的消费合作、以法国为代表的生产合作、以德国为代表的信用合作的雏形，并逐步演化为消费合作、生产合作和信用合作这三大合作流派。

（一）消费合作社。1844年，英格兰诞生了世界上第一个消费合作社，即"罗虚代尔公平先锋社"，由此开创了合作社发展的新时代。罗虚代尔原则的确立，不仅促进了英国消费合作的发展，也影响了法国、德国、意大利等国家消费合作社的建立和发展。尽管各国的合作社思想来源不同，但各国的消费合作思想都一致认为合作是劳动者阶级摆脱商人剥削，通过消费者的和平自救消除贫困的主要手段。

（二）生产合作社。法国是世界生产合作的发源地，产生了傅立叶、圣西门两个伟大的空想社会主义者，并在生产合作社方面进行了大量实践。法国的生产合作社运动，是从19世纪30年代毕舍创办手工合作社开始的。毕舍在19世纪30年代提出建立由工人掌握生产资料的工业合作社的主张。随后的白朗也是生产合作的积极倡导者。法国成为世界生产合作运动的发源地，与生产合作社思想在法国广泛传播及法国独特的社会经济条件是分不开的。法国合作社理论以及合作社运动创始人的指导思想是生产合作社建立和发展的基础。法国几位著名合作社理论家的思想，如傅立叶的"法郎吉"、圣西门的"实业制度"等都是主张组织生产合作社的理论。继傅立叶、圣西门后，毕舍、白朗等继续发展和实践生产合作思想。

（三）信用合作社。世界信用合作运动的发源地在德国，随后，在法国、意大利、日本等国家广泛传播开来。19世纪30年代，德国进入了工业革命准备阶段。当时，德国走的是由封建地主经济逐渐转变为资产阶级地主经济的改良主义道路，这在很大程度上造成农业相对落后，农村劳动力转移受阻。农民要用"赎买"方式才能部分摆脱封建义务，有的出卖自己的小块土地，有的介入高利贷。这使得很多农民失去土地，深受封建地主和高利贷的双重盘剥，从而造成小农对资金的渴求。此时，成立信用合作社无疑有了强烈的必要性，而德国信用合作的理论家们积极地倡导并制定了比较灵活的组织和经营管理原则，给信用合作社的发展提供了较好的条件。

二、当代合作社类型

当代合作社是在早期合作社的基础上不断演化和发展而来，并不断丰富和扩展了早期合作社的类型。按照不同的划分标准，合作社类型不尽相同，并呈现多样性的特点。

按照生产环节分为生产合作社、流通合作社、信用合作社、服务合作社等。

按照合作社功能分为生产类合作社和服务类合作社。其中服务类合作社主要包括消费合作社、供销合作社、运销合作社、保险合作社、利用合作社、医疗合作社、公用合作社、劳务合作社等。

按照产权结构分为股份合作社和非股份合作社等。

按着合作社的规模、层次分为基层合作社、地方联社、全国总社（或称为中央联社）和国际合作社联盟等。

第五节　合作社的发展历程

随着欧洲合作社运动的快速发展和广泛传播，合作社范围不断扩展，声势不断壮大，并在世界其他国家和地区也逐渐兴起，实现了从地区到世界的过度。从1844年罗虚代尔公平先锋社的建立至今，世界合作社已经走过了160多年的历史。合作社在思想、理论、规模、组织结构等方面不断发生变化，并呈现出新的特点。从世界合作社运动本身的历史特征看，世界合作社运动的发展大概经历了四个阶段。

第一阶段，合作社早期发展阶段（1844—1917）；

第二阶段，合作社全面调整时期（1918—1945）；

第三阶段，合作社大发展和调整、改革时期（1946—1980）；

第四阶段，合作社自由发展、创新阶段（1981年至今）。

第二章　早期合作社思想

　　合作社思想作为合作社理论的重要组成部分，先于合作社而存在，经历了漫长的发展演变历程，是指导合作社实践的原始基础要素。近代合作社思想吸收和发展了前人碎片化合作思想中的精髓，形成了系统性的思想体系，在理论上相对成熟，与实践的联系更为密切，对合作社的影响也更为深远。欧洲是合作经济思想和实践的发源地，在资本主义制度基本矛盾暴露后，探索合作社发展的诸多思想应运而生，形成了多元化的流派和观点争鸣的格局，从16世纪初至今，合作社思想大体经历了空想社会主义合作社思想、合作社改良主义思想（基督教社会主义合作社思想、国家社会主义合作社思想、合作社社会主义理论、无政府主义合作社思想和合作社企业学派等）、合作社进化理论和欧美合作社组织理论等四个阶段，这里简要介绍前两个理论。

第一节　空想社会主义合作社思想

空想社会主义合作社思想是在对现实社会不满的前提下作出的理想意识形态的社会设想。这种思想发端于16世纪托马斯·莫尔的"乌托邦"，发展于17世纪康柏内拉的"太阳城"，盛行于19世纪初期西欧傅立叶的"全世界和谐"、欧文的"新和谐公社"，经历了漫长的发展演化过程。反映了西方不同时代的思想家对和谐美好社会的描绘、设计与憧憬。合作社思想也就是在这些设想中孕育而生，并对后来合作社运动的发展产生了重要影响。

一、早期空想社会主义合作思想

16世纪初，资本主义工业化过程中阶级分化和阶级矛盾的加剧，促使空想社会主义思潮的兴起。早期的空想社会主义者抨击了原始积累时期资本主义制度的弊病，从改造资本主义制度出发，对美好社会进行了幻想，提出了在理想的未来社会中，一切财产都归全体成员所有，人们联合起来共同生产、分配和消费的观点，这是早期合作社思想的雏形，对世界合作社理论与实践的发展产生了深远的影响。

英国的托马斯·莫尔（Thomas More，1478—1535），空想社会主义的奠基人，因目睹了英国"圈地运动"给广大劳动人民带来的痛苦和灾难，不满英王朝对中下层人民群众的残酷统治，于1516年出版了深受《理想国》影响的《乌托邦》（全名是《关于最完美的国家制度和乌托邦新岛的既有益又有趣的金书》）一书。全书采用与虚构的航海家对话的形式，对当时英国社会和国家制度作了辛辣的揭露和嘲讽，并提出了一套改造社会的方案，设想了一个消灭私有制的理想社会——"乌托邦"。"乌托邦"一词来自希腊文，意即"乌有之乡"。莫尔第一次用它来表示一个幸福的、理想的国家，莫尔说，"乌托邦"是南半球的一个岛国，在那里，社会的基础是财产公有制，人们在经济、政治权力方面都是平等的，实行按需分配的原则。全书分为两部分。第一部分谈到一个不合理的社会，对当时英国社会政治黑暗的批判，是对英国社会现实的影射。第二部分是对理想社会的描述，包括城市、官员、职业、社交与生活、奴隶、战争、宗教七个问题。莫尔在社会主义史上第一次提出了消灭私有制，建立公有制的问题。

意大利的托马索·康柏内拉（Tommaso Campanella，

1568—1639），伟大的空想社会主义先驱者。由于深受莫尔学术思想的影响，1623年出版了在内容和形式上都与《乌托邦》有许多相同之处的《太阳城》一书，因此《太阳城》也被称之为《乌托邦》的姐妹篇，成为意大利文艺复兴时期一部极有影响的著作。"太阳城"是康柏内拉虚构的理想城邦。全书以神圣化的太阳为膜拜对象，假借一个游历者的见闻，用对话录形式的体裁，通过那不勒斯城的罪恶与太阳城形成鲜明的对比，描绘了一个根本不同于当时西欧各国社会的、消灭了私有制和剥削的、人们过着幸福生活的理想社会。作者对意大利的现实社会制度进行了有力的批判，认为私有制是造成这种社会罪恶的根源，构造了一个"公社的哲学生活方式"。在"太阳城"中，使生产资料耐用消费品实行公有，其他消费品按需分配，人人劳动，没有剥削。反映了意大利底层人民反对封建剥削，要求幸福生活的愿望，在社会主义史上留下了宝贵的精神财富。其中提出的重视生产劳动技能，主张教育与生产劳动相结合等思想堪称现代合作社原则的雏形。从他的乌托邦社会主义社会方案里，可以找到恩格斯所说的"天才思想的萌芽"，为后世的空想社会主义提供了蓝本。

二、欧洲三大空想社会主义合作思想

到19世纪初叶，空想社会主义学说进入了一个新的发展阶段，法国昂利·圣西门、夏尔·傅立叶和英国的罗伯特·欧文作为这一时期伟大的空想社会主义者，接受了法国的唯物主义，以及黑格尔的辩证法思想，继承了空想社会主义对资本主义的批判精神和对未来社会探索的精神，建立了更加完整、丰富的空想社会主义理论体系，从而把空想社会主义推进到最高阶段。尤其是欧文，比较系统地设计了合作制原则、性质、组织形式，对以后形成的世界合作经济产生了一定影响。恩格斯把这三个空想社会主义者称作社会主义创始人。

（一）圣西门的"实业制度"

昂利·圣西门（1760—1825），出身于法国一个贵族家庭，是19世纪初期法国杰出的空想社会主义者。圣西门提出，如果法国失去了几十个第一流的科学家、银行家，几百个最能干的商人、农夫和铁匠——这些"最主要的生产者"，这将会是巨大的不幸和灾难，整个国家会成为"没有灵魂的躯体"。然而，如果法国失去了所有的王室成员、元帅、大主教、法官和一万个游手好闲的产业主，"对国家都不会造成任何政治上的损失"。圣西门把他"发明"的新社会制度称作"实业制度"。他在1821年出版的《论实业制度》一书中对资本主义制度持严厉的批评态度，提出用理想社会代替资本主义社会，建立一种理想的"实业制度"。

实业制度是圣西门的一个平等的、消灭一切特权的、理想的社会制度，是他设计的一种使"生产者"即实业家和学者成为统治阶级，掌握社会政治、经济、文化各方面权力的社会制度。其中劳动者为实业家阶级，包括工人、农民、工厂主、农场主、商人和银行家。在他的历史阶段划分中，实业制度是人类社会发展的最后阶段。在"实业制度"下，不存在一部分人统治、压迫另一部分人的现象，而有能力的企业家和学者则是"天然领袖"。他强调这种领导不意味着一部分人为自己的利益在政治上压迫另一部分人，而是意味着对物、对生产过程的管理；在实业制度下，国家政权机关的性质和作用将完全改变，社会权力将由对人的统治变为对物的管理和对生产过程的领导，国家机关的职能将主要是组织社会生产，不再有资本主义社会的生产无政府状态，社会生产由一个中心主持从而有计划地进行，私人企业的生产要受国家监督，统一安排，按计划进行；在实业制度下，人民领袖由人民民主选举产生，没有高薪厚禄。社会权力分为精神权力和世俗权力。精神权力集中在科学院，由著名科学家和学者组成的最高科学委员会掌握。世俗权力集中于实业家委员会，由优秀实业家代表组成最高行政委员会掌握。国家实行议会制，由发明院、审查院和执行院组成的议会都由有能力的专家、学者负责。欧洲各国要在议会制的基础上，建立欧洲总议会，总部设在日内瓦。旧制度的内阁和议会可以继续存在，但必须执行学者和实业家的决定。在"实业制度"下，社会的唯一目的应当是尽善尽美地运用科学、艺术和手工业的知识来满足人们的需要，特别是满足人数最多的最贫穷阶级的物质生活和精神生活的需要，促进无产者福利的提高。在社会主义史上，圣西门第一次把"满足人们的需要"规定为新的社会组织的目的。这是他理想制度的社会主义性质和无产阶级倾向的重要表现；在"实业制度"下，保留财产私有，人人都要劳动，不承认任何特权，个人收入应同他的才能和贡献成正比；在"实业制度"下，政治学将成为生产的科学，政治将为经济所包容，对人的统治将变成对物的管理和对生产过程的领导。

圣西门的空想社会主义思想是在法国大革命和欧洲资本主义工业迅速发展的社会历史条件下形成的。它反映了当时尚未成熟的无产阶级对现存社会制度的失望和抗议，以及建立使他们真正取得解放的理想社会的愿望。圣西门的著作抨击了资本主义社会的全部基础，提供了启发工人觉悟的极为宝贵的材料，它们是人类文化遗产中的珍宝。

圣西门认为，资本主义社会是一切罪恶的渊薮，人类社会必将其抛弃而进化到平等、幸福的社会。但是圣西门又认为社会进步的动力是人类的理性，而不是阶级斗争。他反对运用暴力手段推翻资本主义制度，鼓吹和平方式，认为实现改革方案的唯一手段是宣传，宣传的目的则是唤起君主利用人民赋予他们的权力来实现政治改革。这表明圣西门实业制度思想的空想性质。圣西门还允许"实业制度"下有阶级和贫富差别存在，允许"用脑劳动"的资本家获得利润，并由"用手劳动"的人来养活。这反映了在圣西门那里，除了无产阶级的倾向外，资产阶级的倾向还有一定影响。

圣西门把从事产业活动的资产者看成是和工农一样的劳动者或"实业者"，并寄希望于统治阶级的理性和善心，幻想国王和资产者会帮助无产阶级建立实业制度。这就使得他的社会主义学说离开了社会现实和阶级斗争来谈社会主义，也没有意识到无产阶级改造社会的伟大力量，因此，他所提倡的社会主义只能是一种不可能实现的空想。

圣西门关于新社会的理论在当时并没有坚实的阶级基础，得不到人们的理解和重视，经常受人奚落，四处碰壁。加上生活动荡不定，圣西门一度极端失望与苦闷。1823年3月9日，他开枪自杀，但未如愿，只打伤了一只眼睛。以后，在他的一个门徒——犹太商人奥兰多·罗德利格的同情与帮助下，圣西门才在晚年勉强摆脱了物质生活的困境。

（二）傅立叶的"和谐制度"

夏尔·傅立叶（1772—1837），出身于法国一个布商家庭，是19世纪初法国伟大的社会主义思想家。傅立叶目睹并批判资本主义社会带来的欺诈、投机、囤积居奇、重利盘剥和暴力等罪恶，对资本主义制度进行了无情的批判，揭露了资产阶级平等、自由和博爱的虚伪性，更深刻揭露了资本主义生产的无政府状态、无限制的竞争和经济危机，认为这些现象是造成劳动人民贫困的根源。他还指出，在资本主义社会里，穷人并不能享受民主和自由。傅立叶在批判资本主义的基础上构想了理想社会——"和谐制度"，他的合作经济思想就体现在对这种理想社会制度的论述中。傅立叶先后发表了《全世界和谐》《四种运动的普遍命运的理论》《论家务——农业协作社》等重要论著，他在1829年发表的著作《经济的新世界或符合本性的协作行为》是他全面系统阐述自己观点的一部重要著作。傅立叶按人的本性构建新社会，对未来社会进行了描述，他构想的理想社会叫做"和谐社会"。他认为从文明制度过渡到和谐制度要经过两个过渡时期：保障制度和协作制度时期，和谐制度是以自愿参加为原则的组合或协作社的总和。这种组合或协作社叫做"法郎吉"，是和谐制度的基层组织。建立和谐制度只能通过和平的方式，通过组织试验性的协作社，发挥它的示范作用，以使人认识法郎吉的优越性，实现和谐制度。

在"和谐社会"中，人们联合起来协作劳动，共同生活，人们的需要都能得到满足。

傅立叶的理想社会是由一种叫做法郎吉（来源于希腊语"队伍"一词，意思是严整的步兵队伍）的基层社会组织构成的合作社。法郎吉是一个以农业生产为主，兼办工业，工农业相结合的、自给自足的生产单位——消费协作社，是共同生产、共同消费的集团，各个法郎吉联合起来组成和谐社会。傅立叶"所谓的法郎吉，实际上就是一种兼营生产和消费的农业合作社，即以农业为基本产业，从事合作生产及合作消费的自给自足的团体。这种团体拥有一座用于社交联络感情的建筑物——法郎斯台，法郎斯台是社员的公共住宅、公共集会场所和公共食堂。他还为法郎吉绘制了一套建筑蓝图，中心区是食堂、商场、俱乐部、图书馆等。建筑中心的一侧是工厂区，另一侧是生活住宅区。傅立叶幻想通过这种社会组织形式和分配方案来调和资本与劳动的矛盾，从而达到人人幸福的社会和谐。"[①]

在法郎吉中，工农业生产已经结合起来，男女平等，人人参加劳动，普及免费教育，消除了脑体和城乡劳动的差别。它的主要特点有：（1）法郎吉的财产用招股的办法，集股组成。工人、农民和资本家都可自愿入股，投资者将资金、土地或其他财产交到法郎吉，由法郎吉全体成员共同使用。法郎吉承认财产的私人所有，只是强调这些私有财产由法郎吉全体成员共同合作使用。因此，法郎吉的所有制是一种合作所有制。（2）人人都参加劳动，按专业划分劳动单位。法郎吉实行工农结合，社员亦工亦农，可以自由选择工作，自愿结合，把劳动视为一种乐趣。（3）法郎吉用股本形式保存私有制，其收入按劳动、资本、知识各占5/12、4/12、3/12的比例分配。每

[①] 陈婉玲：《合作社思想的源流与嬗变——基于合作社法思想基础的历史考察》，《华东政法大学学报》，2008年第4期。

个人的收入仍存在一定差别。可以说，傅立叶及其门徒曾试图组织小规模的试验，结果都失败了，但是傅立叶是空想社会主义者合作思想的提出者。

傅立叶没有看到无产阶级与资本家的矛盾，反而主张资本家也可以参加法郎吉，并按其资本进行分配。傅立叶和圣西门一样，把实现其理想社会的希望寄托在统治者和资本家身上，反对用激烈的革命手段实现自己的主张。但是傅立叶错误地认为资本主义社会所有的罪恶都是由商业资本家造成的，工业资本家也是受剥削者。

（三）欧文的"新和谐公社"

罗伯特·欧文（1771—1858），出生于一个小手工业者家庭，是19世纪初期英国杰出的空想社会主义者，被后人尊为合作经济之父。欧文9岁当学徒，利用业余时间学习了文学、哲学和经济学，接受了唯物主义。欧文把生产资料的私有制说成是人类社会一切灾难的主要原因，他接受了李嘉图的劳动价值论，认为劳动是财富的源泉。欧文从自己的商业实践中认识到资本主义剥削的实质，同情劳动人民。欧文是位实业家，他不盲目追求利润，毕生致力于改善劳工的贫困和愚昧状况、实现大多数人幸福的事业。鉴于拿破仑战争后英国的商业恐慌、工厂倒闭、工人失业和犯罪增加等社会现实，欧文认为"现有的社会制度已经过时，迫切要求进行人类视野中的巨大变革"。他在许多著述中谈到要组建合作社或合作公社的理论。1817年，他在《致工业和劳动贫民救济协会委员会报告书》中对合作公社做了初步的阐述。1820年，他在《致拉纳克郡报告》一书中进一步发展了合作公社思想：合作社是"全新的人类社会组织的细胞"，在这新的"合理组织起来的社会里，私有财产将不再存在"。在欧文看来，"资本主义私有制是罪恶和灾难的根源，要建立理想的社会制度，首先必须改组生产领域，建立合作工厂或合作公社，防止劳动果实被不参加劳动的人占有；其次必须改革流通工具，主张废止货币制度，代之以能够表示劳动时间的'劳动券'为新的交换媒介。"欧文认为，"一切财富都是劳动的产物，而劳动是可以按照其花费的时间去计算的，以'劳动券'为交换的工具，不仅可以排除中间商人的盘剥、实现正义和公平的交换、取得消费与生产的和谐，而且还可以养成全体同胞博爱的道德素养"[1]。在他晚期的著作《新道德世界书》一书中，系统地阐述了合作社的理

---

[1]陈婉玲：《合作社思想的源流与嬗变——基于合作社法思想基础的历史考察》，《华东政法大学学报》，2008年第4期。

论。他指出：由500—1500人或300—2000人组成的合作社（公社），是建立在生产资料公有制基础上的集体劳动的生产单位和消费单位，是理想社会的基层组织，是"全新的人类社会组织的细胞"。在欧文的理想社会中，社会的基层组织是"合作公社"。欧文设计的理想社会是"劳动公社"或"合作公社"的联合体。"劳动公社"就是合作新村，是社会的基本单位或"细胞"。他在著作中详细阐述了合作社的性质、原则、组织形式、生产安排、生活管理等方面问题。欧文设想的劳动公社同资本主义农场和工厂的性质不同，它是建立在生产资料公有制的基础上实行联合劳动、联合消费、联合保护财产，并坚持权利平等。欧文认为，"私有制导致了权利不平等，引发了竞争、嫉妒、专横、奴役、剥削和压迫，从资本主义向理想社会的过渡，一是要改组生产领域，按合作制原则建立合作工厂和合作社。二是改组流通领域，按劳动公平交换原则建立市场，以劳动券代替货币，使劳动产品直接交换"[1]。欧文的合作社主要特征：（1）合作公社是建立在财产公有制基础上的集体劳动的生产单位和消费单位。（2）普通社员参与合作公社的

---

①杨茂军：《19世纪英国基督教社会主义研究》，《河南大学学报》，2008年。

管理。理事会是合作公社的领导机关，管理人员由社员大会选举产生，并组成理事会。理事会定期向社员大会报告工作情况，接受社员的监督。（3）按需分配。合作公社生产的目的是满足社员的各种需要。（4）由于自然条件的差别，合作公社之间存在分工和交换。

欧文不仅提出新和谐公社的设想，而且还将自己的理论付诸于实践。欧文的一生同英国的产业革命紧密联系，他对资本主义的社会弊端有极为深刻的认识，他也是最早实践合作思想的勇敢者，尽管他的理想和试验脱离了当时社会经济发展的客观规律。欧文对私人工厂制度的改革比较成功。在19岁时，他曾受聘于曼彻斯特的一家纺织厂任厂长；29岁时，他以股东兼经理的身份管理苏格兰新拉纳克棉纺厂，棉纺厂有员工2500人，主要是被"圈地运动"驱逐到苏格兰的农民，也有破产的手工业者和流浪汉。欧文对工厂制度进行改革：限制使用童工，缩短劳动时间，开办为职工提供消费品的商店，改善工人居住条件，建立学校，提高职工及其子女的文化素质，创建工人互助储金会，建立幼儿园，设立公共食堂，健全福利保障制度，强化职工业绩考核，使劳动量和报酬对等。这极大地调动了员工的积极性，提高了生产效率，增加了工厂赢利，改善了社区秩序，解决了就业问题。欧文并不满足于对工厂的改革，以及由他争取议会支持制定工厂法等改良措施。因为他认为，工人创造的财富，在偿付一切必要开销并支付资本年息5厘以外，还有大量的利润按股分给了股东，他认为这是对工人的剥削，其他工厂也如同新拉纳克一样。为此，他毅然离开工厂，开始对他的理论进行试验。他从1817年开始宣传"统一合作社新村"，1821年组成了"合作社经济协会"，即排字工人组织的一个消费合作社。

　　1824年起，欧文和他的四个儿子以及他的学生在美国印第安纳州进行了"新和谐公社"（合作新村）的试验，试图通过实践来证明他的合作思想的优越性和可行性。他们在美国印第安纳州哈蒙尼亚购买了3万公顷土地，建立合作示范区"新和谐公社"，并制定了《新和谐公社组织法》。按照欧文的构想，公社制度由个人、牧师、区、州县和国家建立。每个公社都是自治单位，独立核算，千百个公社的联合形成全世界的联合，以此取代资本主义。欧文还把公社成员按年龄分为九级，各级成员具有不同的权利和义务：7岁以下儿童为第一级；7岁儿童至10岁儿童为第二级，参加家务和其他轻便劳动；10—15岁为第三级，学习生产技术和手艺；10—20岁为第四级，参加公社各项劳动；20—25岁青年为第五级，是公社最重要的劳动力；25—30岁壮年为第六级，主要负责保护和分配公社财富，并从事科学艺术工作；30—40岁壮年为第七级，主要管理公社内部事物，领导生产；40—60岁成年为第八级，主要负责公社对外事物；60岁以上老年，负责捍卫公社"宪法"，安度晚年。欧文认为，这种自然而公平的制度，不仅可以使每个社员都各尽所能，享有平等的权利和义务，而且能消除人们追求"所谓荣誉和特权的欲望"，防止人们由于争权夺利而产生嫉妒、分裂和利益对立。公社"宪法"规定，社员在政治上享有充分的民主，具有"对一切事情发表自己意见的充分自由"；公社的最高权力机关是社员大会，一切重大问题由社员大会讨论决定，常设机构是社员大会选举产生的公社理事会。理事会对内对外的各项工作必须向社员大会汇报，并接受审查。公社实行"新和谐"社会的制度和政策还有：新的教育制度，把教育与生产劳动相结合，培养体、智、德、行等方面的品质，把社员教育成全面发展的人；实行婚姻自由、解放妇女的政策，使人们自由恋爱、自由结婚，改变妇女社会地位，彻底解放妇女；实行消除"三大差别"的政策，使公社社员既从事工业生产，又从事农业生产；实行和平外交政策，公社外交机构的成员应与世界各地建立诚信和平友好关系，以"民族之间精诚团结和合作"，以人类社会的广泛的联合代替战争、竞争和分裂，"最后把全世界联合成为一个只被共同的利益联起来的伟大共和国"。

欧文在美国费城和华盛顿等地进行一系列宣传后，有800—900人应召来到公社，后增至1000多人，包括美国当时一些知名人士也积极响应，并引起欧美世界的广泛关注。前来应聘者目的各异，一些人是抱着共产新村的信念来的，有的是想当雇员而来的，有的是想得到救济，还有的是想以一点财产与欧文分享平等权利。由于现实与理想的各方面矛盾冲突连续出现，公社很快陷入内困外扰，这时的公社已大不"和谐"了，陷于分裂状态，成为资本主义汪洋大海的一座孤岛，出现分裂。欧文进退两难，只好同意一些人分离出去，并以契约形式租借公社土地，每英亩15先令租金。契约还规定，凡是不以合作主义为目的而使用如此廉价的土地者取消契约。但事与愿违，后来公社产业很快被个人商店或其他私人占有形式取代，竞争营利亦占上风。这个人类最早诞生的空想合作主义的"新和谐公社"，终于与资本主义市场经济取得基本"和谐"。1826年以后公社进行五次改组，先是分立、分权、分责任，后又集权，最后被迫分散分离。欧文为公社试验付出了他的绝大部分积蓄，累计投入资金五万英镑，1828年试验失败，亏损了四万英镑。"新和谐公社"历经三年就解体了。

欧文在美国的"新和谐公社"失败以后，他一贫如洗，于1829年返回英国，继续为自己的理想而奋斗，他创办《危机》杂志宣传自己的学说，当时英国合作社运动和工人运动蓬勃发展，到1830年英国已有300个合作社。既有工人合作社，又有消费合作社。"欧文对工会和工人合作社予以热情支持，他在工人群众中享有很高威望。1833年10月，在欧文的主持下，在伦敦召开了合作社和工会联合大会，欧文当选为联盟主席，成员几十万人，欧文的想法是把生产管理权掌握在工人手里，通过和平途径实现对资本主义的改造"[1]。但由于工人运动的兴起，以及政府对工人的镇压，大联盟被资产阶级取缔，1834年8月宣告解散。1832年9月，欧文在伦敦创办了"全国劳动产品公平交易市场"，以促进合作社及独立生产者交换劳动产品，这对合作社和个体生产者的原材料供应和产品销售起到促进作用。然而，在资本主义市场经济条件下，不用货币的商品交换

---

①杨茂军：《19世纪英国基督教社会主义研究》，《河南大学学报》，2008年。

面临着诸多无法克服的矛盾，劳动券很快成为投机买卖的对象，欧文空想的公平交易维持两年后被迫关闭。1839年欧文及其追随者又在英国的汉普郡建立"和谐庄园"的合作社村，到1845年还是以失败告终。

欧文的一系列试验失败了，但他的合作思想，为合作经济不懈奋斗的精神，却使后来的合作运动领导人直接受益，对世界的合作社运动和后来的社会主义国家的合作社运动产生了深远的影响。在欧文的影响下，1829年在英国兴起了大约三百个合作团体，开展合作社活动。欧文提出了建立合作公社的设想，并进行了大胆的试验，使空想社会主义的合作社思想系统化并变成了暂时的现实。欧文是空想社会主义合作社思想的集大成者，他把生产和消费的协调作为理想的社会原理，提出了以多数的统一合作村为单位的理想社会的构想。合作村以经营农业为主，以工业为辅助和补充，组成独立的自给自足的经济单位。在这里，除消费品以外，没有私有财产，生产的目的是为了直接满足全体成员的物质和文化生活需要。欧文把他的劳动公社方案看成是改造旧社会制度的一个重要途径和建立未来社会的组织形式，并进行了大胆的试验。

科学社会主义的创始人马克思和恩格斯对空想社会主义者

尤其是欧文的合作社思想和试验给予了很高的评价。马克思于1864年9月28日在伦敦朗-爱克街圣马丁堂举行的公开大会上发表《国际工人协会成立宣言》时指出："对这些伟大的社会试验的意义不论给予多么高的估价都是不算过分的。在英国，合作制的种子是由罗伯特·欧文播下的。"但同时指出，空想社会主义者没有真正认识到资本主义社会的根本矛盾，不懂得社会发展的客观规律，没有找到实现新制度的真正方法，只是力图通过示范和说服的方法达到改造社会的目的，他们的理想是空想的，他们的实践注定是要失败的。

第二节　合作社改良主义思想

19世纪30年代，世界合作社运动发生了很大的变化，从早期极其明显的作为一种政治斗争的形式，转而追求合作成员经济利益实现的一种经济组织形式。罗虚代尔公平先锋社的办社原则背离了空想社会主义对未来社会的憧憬和勾画，它以其成功的实践开了世界合作社运动改良主义之先河。此后，形形色色的合作社改良主义就流行起来。主要有以英国的威廉·金（William King，1786—1865）等为代表的基督教社会主义学派、以法国的路易·布朗（Glance Louis，1811—1882）等为代表的国家社会主义学派、查理·季特创立的"尼姆学派"以及以德国的弗里德里希·莱费森和赫尔曼·舒尔茨·德里奇为代表的信用合作社思想。他们主要研究的是消费合作、工人生产合作和信用合作社。在他们的研究和实践中提出了许多对世界合作社运动影响深远的理论。

一、基督教社会主义合作社思想

基督教社会主义，又称"僧侣社会主义"，是19世纪中叶欧美教会人士把基督教的社会原则运用到现代工业生活的思潮或运动。基督教社会主义普遍是指那些既在政治立场上支持基督教和社会主义，以及将两者视之为互相联系的基督教左翼分子。它的创始人是法国人菲利浦·毕舍和费里西德·拉梅耐，他们把基督教说成是穷人和被压迫者的宗教，是真正的社会主义学说。在英国，19世纪40年代末欧文空想主义运动和宪章运动衰落后，基督教社会主义代之而起，曾风行一时，1854年后才逐渐消失。其主要代表人物是神学家莫里斯和金斯莱，1850年1月，他们出版了《基督教社会主义短论集》，第一次正式使用"基督教社会主义"这个名词。他们宣扬人类追求物质和肉体的欲望是罪恶和痛苦的根源，人们只有克制这种欲望，才能摆脱灾难。因此，他们激烈反对资本主义、反对国家强权，批评资本主义的"贱买贵卖"违反了基督教的教义原则。主张在基督教基础上建立一个"互爱"、"合作"和"没有人有权利把任何东西据为己有"的富有活力的社团，并认为社会主义不是国家的工作，而是基督教的工作。基督教社会主义的实质是带着浓厚宗教色彩的封建社会主义。将基督教社会主义与合作社结合起来，就形成了基督教社会主义合作思想。基督教社会主义表现在实践上是帮助工人建立生产合作社和消费合作社，组织工会、举办劳动大学等。毕舍在其创办的《作坊》杂志上，宣扬国家帮助建立工人生产合作社以引诱法国工人脱离阶级斗争。

基督教社会主义合作思想主张合作运动与基督教相结合，提倡劳动者团结起来积累劳动成果为资本，兴办合作社，以英国的威廉·金（1786—1865）、法国的必薛（1796—1865）和法国的菲利浦·毕舍（1796—1865）为代表人物。其中威廉·金是一位医生，是欧文的追随者，有"销售合作社之父"之称。威廉·金认为合作社是改造资本主义社会的有力工具，他把劳动、资本、知识看作合作社的三大要素，认为劳动者贫困的原因是劳动成果被资本所有者占有，劳动者只能得到很少一部分。如果劳动者自己掌握资本，得到全部劳动成果，生活就会好起来。而劳动者要自己掌握资本，必须组织合作社。同时威廉·金认为合作社不侵害私人资本家的利益，合作社与私有制经济可以并行不悖，劳动者组织合作社不仅不会损害本家利益，而且通过提高劳动者素质，还会有利于国家稳定。威廉·金直接实践和研究了农业合作。"1828年，在英国布莱顿组织了一个消费合作社，共有170名成员，每人出资一个便士，建立了一个合作商店，购买了40英亩土地，社员自己从事种植，通过商店出售其产品。"[1]可以看出，威廉·金组织的这个消费合作社已具近现代农产品销售合作社之雏形。在他的影响和宣传下，19世纪30年代后英国陆续建立了几百家以消费合作为主的合作社，世界著名的罗虚代尔公平先锋社就是在他的启示下发展起来的。威廉·金发行《合作主义者》月刊，以通俗易懂的手法极力宣传合作社思想，并直接影响了英国当时包括著名的罗虚代尔公平先锋社在内的许多合作社。1831年必薛创办了《欧洲人》杂志，广泛宣传合作的原则，并

①何国平：《走向市场：农业流通领域合作组织的理论与实践》，《西南财经大学学报》，2005年。

把合作思想同基督教的教义结合起来，试图使合作社的经营原则和方法成为英国"基督教的社会主义"学派的政治和经济主张。在基督教社会主义者尼尔等人的努力下，于1852年颁布了英国第一个合作法，对组织各国合作社的国际协作及成立国际合作社联盟做出了重要贡献。

马克思、恩格斯指出："基督教的社会主义，只不过是僧侣用来使贵族的怨愤神圣化的圣水罢了"，"僧侣的社会主义也总是同封建的社会主义携手同行的"。

二、国家社会主义合作社思想

国家社会主义合作思想又称"生产合作派"，主张在资产阶级国家的帮助下办生产合作社，以法国的路易·布朗（1811—1882）、德国的裴迪南·拉萨尔（1825—1864）为代表人物。布朗主张由相同职业的人在国家帮助下组织成立合作社或合作工厂，进行共同生产，以社会主义取代资本主义。劳动者虽然有组织生产合作的能力，但却缺乏资本，所以国家要承担起这个责任。布朗呼吁资产阶级国家给予贷款，以建立合作工厂，使国家成为"穷人的银行"。他认为，随着合作社工厂积累的增加，首先在某一部门占优势，进而相继在其他部门占优势，并建立各部门之间的协作关系，这样就可以克服危机和失业，并把资本主义制度改造成为社会主义制度。拉萨尔是德国工人运动中机会主义派别的首领，他认为，通过组织合作社，使劳动者成为企业家，才能真正解救劳动者，但国家应当在资金和工具上给予支持。他认为，生产合作社是资本主义内部的社会主义因素，这些因素累积到一定程度，只要形成由全国性的合作社组织统一调节生产和分配，社会主义就和平自然地建立起来了。他从超阶级的国家观出发，认为国家是"推动人类社会走向自由的工具"，因而主张在国家帮助下建立社会主义的生产合作社，最后扩及为各个领域，使合作社成为整个无产阶级的社会主义组织。

三、合作社社会主义理论

在法国，合作社运动曾分裂成两派：一为社会党合作派，一为季特合作派，两派虽有诸多分歧，但在罗虚代尔原则下，求同存异，后合并为一体，在《合并宣言》及《合并条约》中彰宗明义："罗虚代尔先驱者所制定的合作基本原理，经全世界劳动者的实践，证明成效卓著。两派均同意这原理，现重申如下：消灭现存的资本主义制度，代之以新制度，使生产者不以赢利为目的，而是以有利于全社会的消费者为根本目的。合作社应在盈余中提出一定比例公积金，创立社会事业，谋求实现合作纲领。"这份著名的由季特起草、体现季特合作经济思想的《合并宣言》在法国乃至世界广泛传播，影响深远。1902年季特被选为法国合作社联合会中央委员会会长，他在起草的《合作主义纲领》中号召："各国合作联合会应联合起来，其目的是实现公平，运用互助，以发展全人类的人格。"这个纲领成为第一次世界大战前法国践行罗虚代尔原则的重要标志，有力地推动了法国历史上的合作社运动发展，法国政府积极参与其中，设立专门管理机构，积极立法支持合作社运动发展，在第一次世界大战爆发前不久的1913年制订了《渔业合作社法》、在大战即将结束的1917年，制定了《消费合作社法》《大众银行法》，以及1920年又出台了《农业信贷合作社法》，以此奠定了法国在比较健全的体制框架下发展国家合作社事业的重要历史地位。

合作社社会主义理论是第二国际时期盛行一时的理论，以法国查里·季特（Charles Gide，1847—1932）为代表人物。该理论于1880年左右倡导于法国尼姆城，其中的"尼姆学派"是19世纪末20世纪初重要的消费合作流派。该理论认为"合作"是自然界的规律,人类没有阶级,只有生产者和消费者的区分,主张用合作社办法,使资本主义"自行灭亡",建立"合作共和国"。他们认为消费合作社可以消灭现存的资本主义竞争制度。"在资本主义社会,劳动者的一切灾难源于消费者对生产缺乏管理,以及存在一批所有者和经纪人等'寄生虫'。为解决这一矛盾,必须发展消费合作社,把各阶级、阶层组织到消费合作社中来,按照消费者的利益来组织合理的生产和分配。"[①]这种理论认为消费合作社是一种工具,可以利用它建立起新的合作共和国。他们认为,所有的人都是消费者。只要广大的消费者联合起来和资本主义垄断组织对抗,就足以消除资本主义的矛盾。该理论认为合作社是一种介于资本主义和社会主义之间的"中间形式",合作社在资本主义社会内应有较广泛的发展,在商业、工业、农业等各个领域都应倡导合作社,要用合作社原则来调和资本主义社会的各种矛盾,当合作社普遍建立,便实现了"合作社共和国"。查理·基特说,他相信进化甚于革命,相信阶级团结甚于阶级斗争。用改良和发展合作社的方法,可以使资本主义自行消亡。他计

---

①何国平:《走向市场:农业流通领域合作组织的理论与实践》,《西南财经大学学报》,2005年。

划采取以下步骤建立合作共和国：（1）互相联合，组成一个紧密的团体，以大部分收入建立批发商店，并进行大量收购；（2）以部分收入集中起来作为资本，建立面包房、制粉厂、织呢厂、被服厂等；（3）在不久的将来，购置土地从事农业生产。这就是说商业、工业和农业均由合作社掌握。这样，合作共和国就建立起来了。

四、无政府主义合作社思想

无政府主义的合作思想以蒲鲁东为代表人物。蒲鲁东（1809—1865），法国小资产阶级经济学家，无政府主义的创始人之一。无政府主义认为小资产阶级社会主义从这个阶级自身的生产方式和经济地位出发，把市场经济幻想成一个充满美妙的人间四部曲的天堂：诚实的劳动——十足的占有——公平的交易——满意的消费。他提出"打倒政党、打倒政权，要求人和公民的充分自由"。在经济方面，他认为，（交换）价值是经济结构的基石，一个生产者的产品按照生产它所耗费的劳动直接进行交换，就可以使供求一致，避免商人的中间剥削。同时，向生产者发放无息贷款，使其摆脱高利贷的剥削，获得自己全部产品的权利，消灭一切非劳动收入。1849年，他着手按照股份公司的原则组建"人民银行"，资本为500万法郎，分为100万股，每股5法郎，入股人数为1.2万人。但"人民银行"尚未开业，便因蒲鲁东发表反政府言论被捕入狱而作罢。

五、合作企业学派

合作企业学派，又称标准学派，以创始人弗里德里希·莱费森（1818—1888）、赫尔曼·舒尔茨·德里奇（1808—1883）和哈斯（1839—1913）为代表人物。最初发生于德国，主张办信用合作社，是资本主义世界合作运动比较后发的一种，这个学派出现虽较晚，但其影响逐渐增大，到20世纪70年代已成为主流学派。该理论提出的合作纲领对世界合作社运动，尤其是信用合作社有着重大的影响。这个学派认为小农、小手工业、小商贩等力量单薄，备受大资本和高利贷的盘剥。为了维护这些弱势群体的生存和利益，就需要集资组织信用合作和手工业者、农民生产用品供应以及产品销售等合作社，不仅可以免除商人、高利贷的盘剥而且可以帮助手工业者和农民提高技术装备程度和经营管理水平。该理论认为，合作社的目的是为社员谋利益，为社员服务，而不是追求改造社会，不主张消灭私有制，而是把合作作为一种企业，主张合作社与大企业竞争、抗衡。莱费森倡导的信用合作社的社员主要是农民，他提出的合作纲领主要包括："以小村社为合作区域范围，以保证合作的安全；合作社为社员服务，不以谋利为目的；合作社不仅在经济上，而且在道德上帮助社员；入社不以入股为条件，社员对合作社承担无限责任；合作社的管理人员不领取报酬；合作社对股金只支付普通利率，不分配盈余，建立不可分割的公共积累基金；合作社进行跨区域乃至全国性联合，克服小区域合作社经济力量的不足。舒尔茨·德里奇倡导的合作社社员以城市手工业者为主，他的合作纲领的不同点在于：合作社仅在经济上进行合作；合作社社员以认股为入社条件，以股份对合作社承担有限责任，社员的股金可以分红，股份可以自由转让买卖；合作社以领取报酬为目的来营运；合作社的中央机构对基层社不具有控制权利"[1]。

合作企业学派，既不同于空想社会主义的合作主张，也不同于西方合作主义各学派，主要有两点：（1）合作社不以改造社会为目的；（2）不触动手工业者和劳动人民的所有制和已有的小规模经营。这个学派认为，合作社是社员自有、自

---

①王勤：《清末以来中国农民组织的立法研究》，《华中师范大学学报》，2009年。

治、自享的企业。用现在的话说，这种合作社是农民、手工业者产前、产中、产后的合作社。正是因为这种合作社没有触动手工业者和农户的所有制及小规模经营，既符合小生产者保留自己财产和经验的强烈愿望，又符合稳定社会的政府要求。因此，这类信用合作社在德国有了广泛的发展，并且较快扩及其他国家。从合作类别来说，由信用合作社扩及供销、农产品加工、仓储、住宅等合作社。

六、述评

上面举例的各种合作社思想派别，都主张通过和平的渐进方法改造资本主义，建立他们所谓的"社会主义"或"合作共和国"。后来，到了19世纪末，这些合作社思想的代表们由政治转向经济，不再涉及政治，只是把合作社作为资本主义下的自助经济组织。可以看出，改良主义合作思想流派的主要特点是认为合作社与资本主义制度可以相容；重视个人利益的追求；提倡互助价值、民主管理、合理分配；需要政府支持的思想，等等。这些特点改善了合作社与资本主义制度的关系，促使了资产阶级及其政府对合作社态度的转变，由仇视、压制逐渐转向支持，进而为合作社在资本主义社会的广泛发展开辟了巨大的空间。当然，由于阶级和时代的限制，诸改良主义合作思想流派也存在明显的局限性。（1）他们没有真正认识到资本主义社会里劳动者贫困的根本原因在于资本主义私有制，虽然合作社的广泛发展在一定程度上缓和了资本主义矛盾，减缓了劳动者的贫困，使劳动者的地位和生活有所提高，但是，通过发展合作社来改良资本主义，彻底消灭资本主义矛盾和劳动者贫困的现象，实现社会公平是不可能的。（2）他们提出的关于合作社制度的一些价值和原则虽然意义重大、影响深远，但他们把发展合作社的希望寄托在政府身上，乞求资产阶级及其政府的资助来发展合作社，过分强调了政府在合作社发展中的重要性，忽视了合作社组织的独立性。

第三章　马克思合作社理论

第一节　马克思合作社理论产生的历史背景

马克思主义合作思想产生于19世纪中期，它是资本主义生产的社会化与资本主义私人占有之间的矛盾及随着这种矛盾产生的工人运动的产物。

一、资本主义基本矛盾愈演愈烈

欧洲资本主义大工业的发展和资本主义基本矛盾的充分暴露，为马克思主义合作思想的产生提供了经济条件和社会条件。19世纪40年代，资本主义在欧洲许多国家已经进入机器大工业阶段。这时被称为"资本主义的首都"、"世界工厂"的英国已经基本完成工业革命。法国成为仅次于英国的主要资本主义国家。德国莱茵区成了德国工业最发达的地区。随着机器大工业的迅速发展和工厂制度的普遍建立，欧洲资本主义生产愈来愈社会化了，可是生产资料仍然被私人所占有，而且愈来愈集中在资本家手中。这样，就必然会加剧资本主义的基本矛盾，并导致经济危机。1825年英国爆发了资本主义第一次经济危机，而1847年至1848年的经济危机则席卷了所有的资本主义国家，形成了资本主义世界性经济危机。资本主义经济危机使社会生产力遭到极大破坏，给无产阶级和劳动人民带来灾难。马克思和恩格斯正是从资本主义生产方式矛盾运动的历史趋势中，作出社会主义公有制必然代替资本主义私有制、联合劳动必然要代替雇佣劳动的论断，从而创立了包括合作思想在内的社会主义理论。

二、工人运动高涨，无产阶级登上历史舞台

欧洲资本主义发达国家的无产阶级作为一支独立的政治力量登上历史舞台，为马克思主义合作思想的产生奠定了阶级基础。19世纪30至40年代，随着机器大工业的发展，资本主义基本矛盾的充分暴露，欧洲爆发了著名的三大工人运动。1831年和1834年法国里昂工人两次起义、1836年至1848年英国宪章运动、1844年德国西里西亚纺织工人起义，把资产阶级和无产阶

级的矛盾推向高潮，并演化为阶级对阶级的政治斗争，工人运动进入了一个新的阶段，标志着无产阶级已经作为一支独立的政治力量登上了历史舞台。马克思和恩格斯正是从工人运动中发现无产阶级才是真正革命的阶级，从而找到变革资本主义的社会力量。马克思主义合作思想也正是以此为基础而产生的。

三、合作社运动大发展

马克思合作社理论创立的时期是合作社运动广泛发展的时期。从18世纪末到19世纪中期，在英、法、德等国的主要工业中心，工人阶级成立了各种类型的合作社，合作社运动伴随着整个工人运动而蓬勃发展。合作社运动的增长已成为当时工人运动中的一个现象。这个时期，合作社运动是在工人阶级统一的社会运动的范围内进行的，具有两个显著的特点：第一，合作社主要是由产业工人和手工业者自发组织起来的；第二，工会和合作社互相配合，密切联系，成为工人阶级与资产阶级斗争的两种组织形式，形成了工人阶级反对资产阶级的统一的社会运动。工会主要是团结工人阶级为提高工资、缩短工作日及其他方面的社会要求而斗争；合作社则主要是联合工人从事商业、生产经营和教育福利事业，反对资本的剥削，开展社会活动。很多工人同时是工会会员和合作社社员，很多合作社在工人罢工时帮助自己的社员，给失业工人寻找工作机会。工人合作社运动的广泛发展是马克思主义合作思想产生的直接实践来源。工人合作社运动的实践提出了创立马克思主义合作思想的要求，而工人合作社运动所积累的经验则为马克思主义合作思想的创立奠定了社会基础。

四、社会改良合作思想盛行

马克思主义合作思想创立的时期是各种合作社社会改良思潮广泛传播的时期。合作社运动发展初期，资产阶级对合作社采取敌视态度和压制政策。在合作劳动制处于萌芽状态时，资产阶级枉费心机地想要把合作社铲除，嘲笑它是幻想家的空想，咒骂它是社会主义者的邪说。但是，当发现自发的、孤立的合作社运动不可能根本动摇资本主义制度时，资产阶级就改变了对待合作社的态度，宣传、扶持合作改良主义，把合作社作为缓解资本主义社会矛盾、巩固资本主义制度的工具。合作改良主义的思想渊源，是空想社会主义合作社理论。欧文、傅立叶及其追随者都真诚地希望利用合作社组织，在平等、博爱、公正、均富的原则下改造资本主义社会。他们认为创造自行管理的生产和消费合作社是改造资本主义的重要途径，实现这一改革的力量源于工人阶级和资产阶级的合作。近代各种合作思想流派，根本上都是合作改良主义，他们接受了空想社会主义者的政治思想和理论观点，形成有别于资本主义理论与马克思主义的新的合作主义。马克思主义合作思想是在同这些理论的斗争中创立的。因此，资产阶级和小资产阶级合作社思潮的泛滥，也为马克思主义合作思想的产生创造了条件。

第二节　马克思合作社理论的渊源

马克思主义合作思想是马克思主义的重要组成部分，探求它的思想来源，要从马克思主义的三个来源进行考察，而19世纪社会科学的优秀成果为马克思主义合作思想提供了思想来源。这种优秀的社会科学成果主要集中在英国、法国和德国这三个发达国家。

英国是工业革命发源地，发达的经济环境促进了政治经济学的诞生。马克思和恩格斯吸取了英国政治经济学所提供的有价值的思想材料，以英国资本主义经济发展为典型，探明了资本主义雇佣劳动的本质，阐明了联合劳动的思想。马克思指出，合作社运动是劳动的政治经济学对财产的政治经济学取得的一个伟大胜利。工人自己创办合作工厂，用事实证明按照现代科学要求进行的大规模生产，在没有资本家参加的条件下是能够进行的，雇佣劳动注定让位于联合劳动。

法国的资产阶级革命进行得最彻底，历经了十分复杂而又曲折的政治变革，也相应地产生了许多优秀的历史科学成果，为剖析资本主义社会中的阶级斗争及其发展趋向提供了丰富的资源。恩格斯指出："现代社会主义，就其内容来说，首先是对现代社会中的有财产者和无财产者之间、资本家和雇佣工人之间的阶级对立以及生产中普遍存在的无政府状态这两方面考察的结果。但是，究其理论形式来说，它起初表现为18世纪法国伟大启蒙学者所提出的各种原则的进一步的、似乎更彻底的发展。"

德国当时在经济上虽然落后于英、法两国，但它产生了以黑格尔和费尔巴哈为主要代表的古典哲学。恩格斯指出："如果不是先有德国哲学，特别是黑格尔哲学，那么德国科学社会主义，即过去从来没有过的唯一的科学社会主义，就绝不可能创立。"

空想社会主义合作社思想是马克思合作思想的直接来

源。法国的圣西门、傅里叶和英国的欧文继承前人乌托邦社会主义的思想成果，吸取18世纪法国启蒙学派的思想形式和思想内容，无情地抨击了资本主义制度，提出了关于未来理想社会的设想。他们对资本主义制度的揭露和批判，提供了有益的思想材料。空想社会主义思想在历史上曾经是进步的。然而，随着历史车轮的前进，到了19世纪40年代，由于无产阶级已经形成为一支独立的政治力量，迫切需要科学的革命理论作指导，进行推翻资本主义革命的斗争，空想社会主义合作社思想就逐渐和工人合作社运动产生分歧。要使社会主义合作社思想成为指导无产阶级革命的理论，就必须使其从空想发展为科学，创造出崭新的马克思合作思想来。马克思合作社理论是在批判地吸收欧洲空想社会主义合作思想基础上形成的。

第三节　马克思合作社理论的发展线索

马克思和恩格斯对资本主义社会出现的每一种经济现象都进行了批判性的研究，当然包括对合作社及合作社组织的研究。马克思、恩格斯的合作社思想主要体现在《资本论》《国际工人协会成立宣言》《法兰西内战》《哥达纲领批判》和《法德农民问题》等论著中。

马克思合作社理论，按其内容，可以分为三个部分。"第一部分是高度评价资本主义制度下的合作运动，阐明其条件、性质和意义，并指出其历史局限性；第二部分是批判资产阶级、小资产阶级的合作社理论，批判合作社运动中的机会主义、改良主义和无政府主义思潮。第三部分是论述农民合作社问题，阐明了无产阶级政党如何把农民吸引到工人运动中来，无产阶级夺取政权以后，如何通过合作制引导农民走社会主义道路等基本理论。"[1]

按时间顺序，马克思前期重点研究了工人合作社运动，中、后期重点研究了农民合作社问题。

第一，工人合作社。马克思早期把注意力集中在工人合作社运动上，这是因为合作社运动首先是作为工人运动而出现的。马克思作为无产阶级革命家，其首要任务是解决工人阶级解放的条件和途径，他们把合作社运动看作是无产阶级解放斗争的重要组成部分。并以此为基点进行了广泛的、深

---

①罗萍：《贵州省农民专业合作经济组织问题研究》，《贵州大学学报》，2006年。

入的研究。马克思主义合作制理论在巴黎公社革命之前，论述的主要是工人合作社，还没触及农民合作社。而在工人合作社问题上，马克思热情地肯定了工人阶级创造的罗虚代尔公平先锋社，认为它是在资本主义市场经济条件下，工人阶级进行阶级斗争的合作制的实现形式。无产阶级通过这种实现形式，既有利于工人运动，又可以通过它实现向社会主义过渡。

第二，所有制问题。为了对抗普鲁东主义者鼓吹的个人所有制，马克思主义提出了集体公有制的主张。1867年第一国际洛桑代表大会上，这两种所有制主张进行了激烈争论。这次大会虽然没有解决所有制问题，但却是马克思主义同普鲁东主义在国际舞台上就所有制问题、特别是土地所有制问题进行的公开交锋。1868年布鲁塞尔大会，马克思主义的集体所有制理论战胜了普鲁东主义的个人私有制理论。1872年恩格斯注意到丹麦社会党运用合作社吸收农民土地入股的经验之后，马克思和恩格斯才有了将小农的私人生产和私人占有变为"合作社的生产和占有"的提法，而在这之前和以后很长一段时间内，马克思在对小农私有制的改造上，提出的都是促进"土地私有制向集体所有制的过渡"。

第三，农民合作社。马克思虽然没有直接提到农民合作社，但他阐述了无产阶级政党应通过经济的道路，引导农民实现土地私有制向集体所有制的过渡，把农民吸引到革命中来的思想，因而实际上提出了无产阶级政党通过合作制引导农民走社会主义道路的基本理论。巴黎公社的失败，使马克思再一次看到，农民阶级跟随资产阶级，使工人阶级处于孤立无援的境地。因此，马克思加强了工农联盟的宣传。

马克思的合作思想是随着无产阶级革命斗争的发展而不断发展、不断深化的。他们在对一些具体问题的阐述上，在不同时期、不同场合下的说法不完全一致，对一些理论问题，前后期的观点也不完全相同，但其基本思想是明确的，即在资本主义制度下，工人合作社是伟大的社会试验，应给予充分的肯定和积极的支持。资本主义制度下的合作社包含有新社会的要素，预示着新的生产方式必然取代旧的生产方式的历史趋势。无产阶级夺取政权以后，在经济上应通过合作社的道路，把农民引导到社会主义运动中来，并通过合作制组织社会生产，使其成为向共产主义过渡的中间环节。马克思创立的合作理论为无产阶级合作社运动的发展指明了方向。

第四节 马克思对空想社会主义合作思想的评价

一、肯定空想社会主义的进步性

马克思、恩格斯在他们的多篇论著中，对欧文及其同时期出现的工人生产合作社曾多次给予高度评价。空想社会主义合作社思想家，对早期工人合作社运动的发展起了积极的作用，马克思对此给予了充分肯定。马克思在《国际工人协会成立宣言》一文中说："在英国，合作制的种子是由罗伯特·欧文播下的"，"对这些伟大的社会试验的意义不论给予多么高的估价都是不算过分的"。在《资本论》中，马克思称"罗伯特·欧文是合作工厂和合作商人的创始人"，"工人自己的合作工厂，是在旧形式内对旧形式打开的第一个缺口"，是对资本主义生产关系的"积极扬弃"。马克思指出，空想社会主义合作社思想也含有批判的成分。空想社会主义理论注意到了资产阶级的剥削性，抨击了资本主义制度的不平等性，以及资本主义社会的贪婪本质。在无产阶级尚未负担起独立进行革命斗争的历史使命前，空想社会主义在理论上代表无产阶级，并不同程度地或参加无产阶级实践，或尝试进行社会改革，在一定程度上起到了团结无产阶级的作用，也提供了启发工人觉悟的极为宝贵的材料。

二、指出空想社会主义的时代局限性

大工业培育了少数的大资本家，同时，也客观地壮大了无产阶级队伍。圣西门、傅立叶和欧文等人的空想社会主义理论，产生于资本主义发展的早期阶段，是在无产阶级和资产阶级之间的斗争还不发达的时期出现的。此时由于资本主义工业化程度还普遍较低，工人阶级力量还不强大，阶级属性仍没有明朗化，社会历史条件还不成熟，因此，早期的一些尝试都不可避免地遭到了失败。马克思在《共产党宣言》中指出："批判的空想的社会主义和共产主义的意义，是同历史的发展成反比的，阶级斗争越发展和越具有确定的形式，这种超乎和反对阶级斗争的幻想就越失去实践意义和任何理论根据。所以，虽然这些体系的创始人在许多方面是革命的，但他们的信徒总是组成一些反动派。这些信徒无视无产阶级的历史进程，还是死守着老师们的旧观点。"尽管在空想社会主义者心目中无产阶级是一个受苦最深的阶级，他们看到了"统治着的社会本身中的破坏因素的作用"，也注意到了社会矛盾和阶级对立的事实，但是，他们看不到无产阶级的历史主动性，以及无产阶级所特有的政治运动。因此，空想社会主义具有时代的局限性。

三、指出空想社会主义历史观的错误性

马克思在《共产党宣言》中对空想社会主义者这些发明家的唯心主义观点进行了批判。马克思指出："由于阶级对立的发展是同工业发展步调一致的，所以这些发明家也不可能看到无产阶级解放的物质条件，于是他们就去探求某种社会科学、社会规律，以便创造这些条件。社会的活动要由他们个人的发明活动来代替，解放的历史条件要由幻想的条件来代替，无产阶级的逐步组织成为阶级要由他们特意设计出来的社会组织来代替。在他们看来，今后的世界历史不过是宣传和实施他们的社会计划。"显然，圣西门、傅立叶和欧文等人的空想社会主义体现的是康德主义的唯心史观，与马克思的唯物史观形成了鲜明对比。他们建构了一整套唯心的社会主义理论，并将之付诸实践，试图证明意识对存在的决定作用，最终，必将以失败告终。显然，空想社会主义理论脱离了社会物质条件在社会历史发展中的基础地位，忽视了社会存在和社会意识的客观规律，无法正确揭示人类社会发展的基本矛盾，更无法依据此揭

示资本主义社会的基本矛盾，这就决定了他们的思想学说不可能成为指导社会主义实践的科学思想武器。

四、指出通往理想道路的选择错误

首先，空想社会主义不懂得阶级斗争是阶级社会发展的动力，缺乏对工人阶级的系统性认知。一方面，他们否定工人阶级运动的思想立场，否定群众是历史的真正创造者，这使他们的理论丧失了阶级基础；另一方面，他们不了解无产阶级的历史地位和所承担的历史使命，始终无法找到埋葬旧社会、实现社会主义理想的真正可靠的社会力量，因而也无法找到打破资本主义统治的正确道路。

其次，空想社会主义思想家把社会主义理想的实现寄希望于资产阶级。他们拒绝一切政治运动，特别是一切革命运动，"为了建立这一切空中楼阁，他们就不得不呼吁资产阶级发善心和慷慨解囊"。通过向统治阶级呼吁和宣传，试图通过改良等和平的手段和方式达到目的，并且不断尝试一些小型的实验，企图通过示范的力量来为新的社会福音开辟道路。因此，依靠统治阶级来改革统治阶级的道路选择是错误的。

最后，空想社会主义理论家将自身置于阶级之外。空想社会主义思想家处在大资本家与无产阶级之间，他们一方面认识到了资产阶级的剥削性质，深知自己的理论体系是建构在无产阶级利益基础上的，并自觉地为无产阶级辩护；另一方面，由于其阶级局限性，在与资产阶级讨价还价的过程中具有向资产阶级妥协的性质，并逐渐地倒退到小资产阶级或资产阶级的立场，堕落到"保守的或反动的社会主义者一伙中"去。这种将自身至于阶级之外的、左右摇摆的二重性质决定了空想社会主义理论革命的不彻底性。

第五节　马克思对合作改良主义的批判

马克思合作思想产生的时代，是形形色色非无产阶级合作社思潮泛滥的时代，因此，马克思的许多观点，是在同这些思潮的斗争中形成的。对资产阶级、小资产阶级合作思潮的批判，构成了马克思合作思潮的重要组成部分。

一、对蒲鲁东小资产阶级改良主义合作思想的批判

19世纪50年代至60年代，蒲鲁东主义在法国、意大利、西

班牙等国广为流传，对西欧的工人运动有很大的影响。蒲鲁东提出了一系列的社会改良计划，并且作了理论上的论证。其中心点就是要在资本主义和共产主义之间找出一个第三种东西，他们认为，私有制是违反平等的，共产主义是违反独立的，而他的任务就是寻找一个平等和独立的"自由社会"。为实现这个社会，他反对无产阶级的经济罢工、政治斗争和暴力革命等一切阶级斗争，他认为只有通过组织合作社等这一类的经济组织，才能实现"自由社会"。蒲鲁东主义对法国工人运动有较大影响，当时在巴黎组成的国际工人协会总支部中，绝大多数领导人都是蒲鲁东主义的信徒。因此，马克思在国际工人协会中不得不与蒲鲁东主义者进行斗争。

马克思把蒲鲁东的《经济矛盾的体系，或贫困的哲学》称为"小资产者社会主义的法典"。在不同的历史时期和不同的具体条件下，小资产阶级社会主义提出过形形色色的社会改良方案，给自己抹上了光怪陆离的革命油彩，但其实质都是一样的。正如马克思所说："社会民主派的特殊性质表现在它要求民主共和国并不是为了消灭两极——资本和雇佣劳动，而是为了缓和资本和雇佣劳动间的对抗并使之变得协调起来。"他们既希望有资产阶级的生存基础和生活条件，又没有这一制度必然造成的悲惨后果。他们总是用阶级妥协的幻想掩盖阶级斗争的现实，用超阶级的一般"民主"国家取代无产阶级专政。"所有这一切无非是在社会主义的伪装下，企图挽救资本家的统治，实际上是要在比现在更广泛的基础上来重新巩固资本家的统治。"马克思为小资产阶级社会主义的代表人物蒲鲁东先生描绘了一幅惟妙惟肖的画像：他"极其无聊地胡扯'科学'和错误地以'科学'自夸"，"甚至把他仅仅重复旧东西的地方也看作独立的发现；他说的东西，对他自己来说都是新东西，而且是被他当作新东西看待的"。他的所有著作都具有"暴露出矛盾的、双重的性质"的特点。

1866年9月3日至8日在日内瓦召开了国际工人协会第一次代表大会。马克思在会前代表总委会拟定了一份《临时中央委员会就若干问题给代表的指示》（后简称《指示》），作为这次大会的主要议程和决议的基础。在这次大会上，法国代表团曾提出一个备忘录，作为与马克思的《指示》相对的蒲鲁东主义的纲领。备忘录中提议以国际工人协会名义创办一个包罗万象的合作社给自己的成员介绍工作，并且自设商店或国际销售处以出售商品等。他们认为，这样一来，不需要进行任何的阶级斗争，就能使工人免受资本主义的压迫。在大会讨论"关于对劳动反对资本的斗争进行国际声援"问题时，蒲鲁东主义者认为罢工社会是有害的，提议用建立生产合作社来代替罢工，并说生产合作社有足够的战斗力来反对资本主义的剥削，等等。法国代表团队的备忘录和蒲鲁东主义者的提议从根本上违反了工人现实斗争的利益，企业把工人运动引向改良主义的道路，因而遭到多数代表的反对。

马克思在《指示》中指出："合作运动是改造以阶级对抗为基础的现代社会的各种力量之一。这个运动的重大功绩在于，它用事实证明了那种专制的、产生赤贫现象的、使劳动附属于资本的现代制度将被共和的、带来繁荣的、自由平等的生产者联合的制度所代替的可能性。但是，合作制度限于单个的雇佣劳动奴隶通过自己的努力所能创造的这种狭小形式，决不能改造资本主义社会。为了把社会生产变为一种广泛的、和谐的自由合作劳动的制度，必须进行全面的变革，社会制度基础的变革。而这种变革只有把社会的有组织的力量即国家政权从资本家和大地主手中转移到生产者本人的手中才能实现。"这就批判了蒲鲁东主义及其他小资产阶级改良主义在合作社问题上所散布的言论。

国际工人协会第一次代表大会在马克思《指示》精神的指

导下，批判了蒲鲁东主义，确立了马克思主义在国际工人协会中的领导地位，指明了工人运动，包括工人合作社运动的发展方向。

二、对拉萨尔机会主义合作思想的批判

19世纪60年代初，德国的工人运动再次高涨。1863年5月，成立了"全德工人联合会"，拉萨尔被选为联合会主席。以李卜克内西、倍倍尔为代表的德国革命派，同拉萨尔主义进行了坚决的斗争，并与1869年8月在爱纳赫城召开全德先进工人组织的代表大会，成立了德国社会民主党（又称爱森纳赫派），这是国际共产主义运动史上第一个在民主国家范围内建立的无产阶级政党。1875年2月，李卜克内西负责起草党的统一纲领草案，其中渗透了拉萨尔主义。在合作社问题上，《哥达纲领》承袭了拉萨尔派关于建立国家帮助的生产合作社的改良主义主张。拉萨尔派继承了由法国基督教社会主义的领袖毕舍提出的把国家资助生产合作社作为解决工人问题药方的观点，认为不必通过革命打碎旧的国家机器，相反可以依靠普鲁士地主资产阶级国家的帮助建立并发展生产合作社，就可以和平地进入社会主义。《哥达纲领》接受了这种观点，即依靠国家帮助

建立生产合作社。要求"无论在工业中或是在农业中，生产合作社都必须普遍建立起来，以便从它们里面产生出调节总劳动的社会主义组织。事实上，拉萨尔想依靠俾斯麦实现他的普选权和国家资助下的生产合作社计划，但俾斯麦政府当时宣传所谓国家帮助成立生产合作社的目的是以社会改良诱导无产阶级放弃阶级斗争。无产阶级政党的纲领中出现了这个口号，这就使社会主义者等同于资产阶级共和主义者，显然，合作社在当时成了资产阶级改良主义的一种玩物。

马克思和恩格斯认为这个纲领草案是完全要不得的。他们给李卜克内西和倍倍尔等写了信，1875年4月，马克思专门写了《对于德国工人党纲领的几点意见》（同称《哥达纲领批判》），对纲领草案作了严厉的批评，对拉萨尔主义作了全面批判。马克思指出："'调节总劳动的社会主义组织'不是从社会的革命转变过程中，而是从国家给予生产合作社的'国家帮助'中'产生出来'，并且这些生产合作社是由国家而不是由工人'建立起来'的。这真不愧为拉萨尔的幻想：靠国家贷款能够建设一个新社会，就像能够建设一条新铁路一样！"同时，马克思认为："如果工人们想要在社会的范围内，首先是在本国的范围内创造合作生产的条件，这只是表明，他们力争变革现存的生产条件，而这同靠国家帮助建立合作社毫无共同之处。至于现有的合作社，它们只是工人自己独立创办，既不受政府的保护，也不受资产阶级者保护的情况下才有价值。"李卜克内西和倍倍尔等人拒不采纳马克思和恩格斯的意见，甚至不公布《哥达纲领批判》，因此，马克思于1875年所写的《哥达纲领批判》，直到1891年才由恩格斯公布问世。

第六节　马克思合作社理论的内容

一、对合作社产生的基础和根源的分析

马克思将合作社运动视为"改造以阶级对抗为基础的现代社会的各种力量之一"，并认为"这个运动的巨大价值在于它能实际证明：现在这种使劳动附属于资本的制造贫困的残暴制度，可以被自由平等的生产者联合的造福人民的共和制度所代替"。马克思认为，资本主义生产方式下的工厂制度和信用制度是合作社产生和发展的基础。他在《资本论》中指出："没有从资本主义生产方式中产生的工厂制度，合作工厂就不可能发展起来；同样，没有从资本主义生产方式中产生的信用制

度，合作工厂也不可能发展起来。信用制度是资本主义的私人企业逐渐转化为资本主义股份公司的主要基础，同样，它又是按或大或小的国家规模逐渐扩大合作企业的手段。"首先，工厂制度为合作社的产生和发展提供了阶级条件，造就了阶级队伍。资本主义机器大工业和工厂制度的确立，创造了一个大工业资本家阶级，同时，也创造了一个数量远远超过前者的产业工人阶级，工会和合作社就是工人阶级进行斗争的群众性组织形式。合作社运动首先是作为工人运动而出现的，工人阶级是合作社运动的组织者和参加者。其次，资本主义信用制度发展下的股份公司的产生和发展为工人阶级提供了启示，可以仿照股份公司的办法，把分散在工人手中的小额货币汇集起来，成立能为自己谋利的经济组织，减轻资本主义剥削，于是工业、消费、信用等各种形式的合作社纷纷成立起来。如果没有资本主义信用制度，合作社就没有聚集资金的环境和手段。因此，资本主义信用制度是合作社产生和发展的基础和手段。最后，资本主义基本矛盾是合作社产生的根本原因。生产社会化和生产资料资本主义私人占有之间的矛盾导致资产阶级和无产阶级的矛盾日益尖锐起来，它使新社会的形成要素和旧社会的变革要素成熟起来，合作社就是这些要素之一。最后，空想社会主义合作思想的传播是合作社产生的思想条件。

二、关于合作社的作用

合作社是劳动人民为改变生产条件和生活而自愿联合起来保护自己正当利益的经济组织。在资本主义制度下，合作社是无产阶级用以组织领导和团结广大劳动群众与资本主义雇佣剥削制度进行斗争的工具，它是同工人运动联系在一起的，是改造以阶级对抗为基础的资本主义社会的力量之一。无产阶级夺取政权以后，合作社是组织农民走社会主义道路的有效形式，是向共产主义过渡的中间环节。合作社是促进土地私有制向社会占有制过渡的中间环节，是落后国家的广大小土地占有者维护自身经济利益、发展生产的经济组织形式。无产阶级夺取政权是合作社成为一种经济制度存在的前提条件。单靠个体劳动者组成的合作社，是绝不能改造整个资本主义制度的，只有在夺得国家权力以后，合作劳动才有可能在全国推广、普及。

三、对工人合作社运动二重性的评价

（一）指出资本主义制度下合作社的历史进步性

19世纪60年代初，国际工人运动高涨，各国无产阶级迫切要求加强国际团结，在此基础上产生了国际工人协会（第一国际）。1864年9月28日，国际工人协会总委员会成立，马克思作为德国工人代表被选入总委员会，担任德国通讯书记，并负责起草了《国际工人协会成立宣言》和《国际工人协会临时章程》。在《国际工人协会成立宣言》中，马克思列举了从1848年革命到19世纪60年代初这一期间国际工人运动的两个成就，第一个成就是英国无产阶级经过长期斗争所争取的10小时工作日立法，第二个成就是合作社运动，特别是工人自己发起建立的合作工厂，对此马克思给予了很高的评价。他指出："劳动的政治经济学对财产的政治经济学还取得了一个更大的胜利。我们说的是合作运动，特别是由少数勇敢的'手'独立创办起来的合作工厂。对这些伟大的社会实验的意义无论给予多么高的估价都是不算过分的。工人们不是在口头上，而是用事实证明：大规模的生产，并且是按照现代科学要求进行的生产，在没有雇佣工人阶级劳动的雇主阶级参加的条件下是能够进行的；他们证明：为了有效地进行生产，劳动工具不应当垄断起来作为统治和掠夺工人的工具；雇佣劳动，也像奴隶劳动和农奴劳动一样，只是一种暂时的低级的形式，他注定要让位于带着兴奋愉快心情资源进行的联合劳动。"

资本主义制度下的合作社是旧社会的变革要素和新社会的形成要素，与全新的社会制度有本质的内在联系，它蕴含着高级社会生产方式的某些萌芽和特征，预示着社会生产方式变革的历史趋势。合作社运动的巨大作用就在于它用事实证明了那种专制的、产生赤贫现象的、使劳动附属于资本的资本主义制度，将被共和的、带来繁荣的、自由平等的生产者联合的社会主义、共产主义制度所代替的可能性。

合作社是由资本主义生产方式转化为联合生产方式的过渡形式，是对资本主义生产方式的积极扬弃。在资本主义制度下，合作社可以在一定程度上维护劳动者的物质利益。资产阶级剥削的对象是整个劳动者阶级，其剥削的程度和他们在社会财富分配中所占的份额，取决于资产阶级和劳动者阶级之间的力量对比。合作社是劳动者阶级联合斗争的一种经济组织形式，随着劳动者阶级觉悟的不断提高和队伍的不断壮大，合作社的斗争可以迫使资产阶级调整自己的经济政策，在经济上做出一些让步，以缓和社会矛盾和阶级矛盾。

在合作社中，可以培养劳动者的互助精神、民主意识、合作习惯，提高劳动者的阶级素质、文化水平和管理能力，成为培养、锻炼劳动者的极好学校。合作社劳动不是孤立的运动，它与工人运动、农民运动密切配合，成为政治斗争的重要辅助力量。

（二）指出资本主义制度下合作社的历史局限性

合作社的普遍建立必须以无产阶级掌握政权为前提。而在资本主义条件下，合作社运动是有局限性的，资产阶级和地主阶级不仅不会赞助劳动者解放的事业，而且他们总是要利用他们的政治特权来维护和永久保持他们的经济垄断。马克思指出："不管合作劳动在原则上多么优越，在实际上多么有利，只要它限于个别工人的偶然努力的狭隘范围，就始终既不能阻止垄断势力按着几何级数增长，也不能解放群众，甚至不能显著地减轻他们的贫困的重担。"

在资本主义制度下，合作社的经营活动必然要同资本主义经济产生千丝万缕的联系，并融汇于整个资本主义经济运动过程之中，与资本的增殖和剩余价值的实现交织在一起，成为资本主义经济组成部分。合作社要想在资本主义社会有立足之地，必须适应资本主义社会的社会经济环境，依附于占统治地位的资本主义生产方式，服从于资产阶级国家的控制和管理，受到资本主义法律和政策的制约和束缚。因此，合作社不可能阻止资本主义的发展，更不可能推翻资本主义，甚至不可能显著减轻资本主义对劳动群众的剥削。无产阶级要获得解放，合作社要在全国范围内发展，只有依靠政权的力量才有可能。

四、重视生产领域合作社

与流通领域的合作社相比较，马克思更看重生产领域的合作社。马克思指出："我们建议工人们与其从事合作贸易，不如从事合作生产。前者只能触及现代经济制度的表面，而后者却动摇它的基础。"这是因为，建立在资本主义的经济关系基础之上的流通领域的合作社，几乎不涉及生产者原有的生产方式和生产关系，也就不可能改变劳动附属于资本的现实，同时，也就不会触及资本主义制度的根基。但在生产合作社中，社员依靠自己的经济投入并使用作为共有资产的生产资料来从事生产，摆脱了资本主义制度劳动必然附属于资本的宿命。从而克服了流通合作社的弊端，并实现了上述目标的改进。

五、对合作社与共产主义制度统一条件的分析

巴黎公社宣布成立以后，国际工人协会总委员会决定由马克思就公社革命问题起草一篇告全体成员的宣言。马克思根据搜索的有关公社的情况，写出著名的《法兰西内战》。1871年

5月30日，公社失败后的第二天，国际工人协会总委员会一致通过了《法兰西内战》。《法兰西内战》是极为重要的科学共产主义文献，丰富和发展了马克思主义关于阶级斗争、无产阶级革命和无产阶级专政的学说。马克思高度评价了巴黎公社关于合作社联盟的计划，他指出："如果合作社生产不是一个幌子或一个骗局，如果它要去取代资本主义制度，如果联合起来的合作社按照总的计划调节全国生产，从而控制全国生产，结束无政府状态和周期性的动荡这样一些资本主义生产难以脱逃的劫难，那么，请问诸位先生，这不是共产主义，'可能的'共产主义吗，又是什么呢？"

马克思认为合作社是一条可以使劳动者获得解放的道路，但是，要达到这一点还需要条件。这是因为"土地巨头和资本巨头总是要利用他们的政治特权来维护和永久保持他们的经济垄断的。他们不仅不会赞助劳动解放的事业，而且恰恰相反，会继续在它的道路上设置种种障碍"。马克思指出："合作制度限于单个的雇佣劳动通过自己的努力所能创造的这种狭小形式，决不能改造资本主义社会。为了把社会生产变为一种广泛的、和谐的自由合作劳动制度，必须进行全面的社会变革，社会制度基础的变革，而这种变革只有把社会的有组织的力量即国家政权从资本家和大地主手中转移到生产者本人的手中才能实现。"[1]

六、对农民合作社道路的论述

马克思对农民与无产阶级革命运动的关系问题始终很重视。在《共产党宣言》中，马克思对小工业家、小商人、手工业者和农民阶级的状况作了细致的分析。在《1848年到1850年的法兰西阶级斗争》一文中，马克思运用唯物史观的基本原理和阶级分析的方法，分析了1848年至1850年之间法兰西的阶级结构及各阶级的经济状况对其政治态度的影响。马克思指出无产阶级虽然在巴黎拥有实际的力量和影响，但在法国其他各地几乎完全消失在占压倒多数的农民和小资产者中间，并且"在革命进程把站在无产阶级与资产阶级之间的国民大众即农民和小资产者发动起来反对资产阶级制度，反对资本统治以前，在革命进程迫使他们承认无产阶级是自己的先锋队而靠拢它以前，法国的工人们是不能前进一步，不能丝毫触动资产阶级制度的。工人们只能用可怕的六月失败做代价来换得这个胜

---

[1]马克思：《临时中委委员会就若干问题给代表的指示》，《马克思恩格斯全集》（第16卷），第218页。

利"。马克思预言小资产阶级和农民，必定要随着他们境况的恶化以及他们与资产阶级对抗的尖锐化而愈益紧密地联系在无产阶级周围。

1874年到1875年初，马克思在《巴枯宁〈国家制度和无政府状态〉一书摘要》中，明确提出了农民合作社道路问题。巴枯宁是19世纪俄国无政府主义的主要代表之一。1873年出版的巴枯宁的著作《国家制度和无政府状态》是集无政府主义观点之大成的代表作。巴枯宁认为，一切社会罪恶的根源是国家，而不是资本主义雇佣劳动制度，是国家的统治迫使千百万人民群众遭受资本家的剥削。因此，必须通过革命来摧毁国家这个万恶之源。对此，马克思用批注方式对《国际制度和无政府状态》一书作了深刻批判。在关于无产阶级国家对待农民问题上，马克思提出了无产阶级夺取政权以后，农民通过经济的道路来实现私有制向集体所有制过渡的办法，阐明了通过合作制引导农民走向社会主义道路的基本思想。他指出："凡是农民作为土地私有者大批存在的地方，凡是像在西欧大陆各国那样农民甚至还占多数的地方，凡是农民没有消灭，没有像在英国那样为农业短工所取代的地方，就会发生下列情况：或者农民会阻碍和断送一切工人革命，就像法国迄今所发生的那样，或者无产阶级将以政府的身份采取措施，直接改善农民的状况，从而把他们吸引到革命方面来；这些措施，一开始就应当促进土地的私有制向集体所有制过渡，让农民自己通过经济的道路来实现这种过渡。但是不能采取得罪农民的措施，例如宣布废除继承权或废除农民所有权；只有当租佃资本家排挤了农民，而真正的农民变成了同城市工人一样的无产者、雇佣工人，因而和城市工人直接地而不是间接地有了公共利益的时候，才能够这样做；尤其不能像在巴枯宁的革命进军中那样用简单地把大地产分给农民以扩大小块地产的办法来巩固小块土地所有制。"

马克思于1883年3月14日在伦敦逝世。作为伟大的无产阶级革命导师，马克思提出了一系列真知灼见的合作社理论，并亲身领导了工人合作社运动。他的思想在国际工人运动史上，在合作社运动史上都留下了深远的影响。

第四章　恩格斯合作社理论

　　马克思与恩格斯这两位革命巨人之间的友谊，是世界上的任何友谊都没法比的。马克思对恩格斯的才能十分敬佩，说自己总是踏着恩格斯的脚印走。而恩格斯总是认为马克思的才能要超过自己，在他们的共同事业中，马克思是第一提琴手而自己是第二提琴手。马克思、恩格斯的合作社思想，是在相互研究、相互通信中逐步形成和发展的，虽然他们论述的问题各有侧重，具体观点也不尽相同，但两人的思想完全一致，形成了一个完整的理论体系。鉴于此，关于恩格斯的合作社理论与马克思的合作社理论有着共同的时代背景、理论渊源和发展线索，这里不再赘述，而是着重谈谈恩格斯的合作社理论。恩格斯重点研究了农民合作社问题，代表马克思和他自己，系统地阐明了社会主义合作社理论，丰富了马克思主义合作社理论的宝库。

第一节　对合作社改良主义批判

一、对蒲鲁东主义批判

恩格斯在《住宅问题》一文中对蒲鲁东主义主张的把大地产分割成细小农户的思想进行了批判。他指出："现存的大土地所有制将给我们提供一个良好的基础，来由组合工作者经营大规模的农业，只有在这种巨大规模下，才能应用一切现代辅助工具、机器等，从而使小农明显地看到基于组合原则的大规模经济的优越性。"在恩格斯看来，实行大土地所有制有利于实现小农的合作，能够克服农民合作社与先进生产方式之间的矛盾。而对于蒲鲁东主义日渐失去盲目的支持者和跟随者，恩格斯表露了久违的欢喜，他说："我深深感到国际工人运动在最近14年来已经有了多么巨大的进步。在此之前的20年中，罗曼语各国的工人除了蒲鲁东的著作外，就没有过任何别的精神食粮，而现在连罗曼语各国的工人运动也把蒲鲁东彻底抛弃了。"

二、对舒尔茨–德里奇和拉萨尔批判

德国手工业合作社的创始人——舒尔茨–德里奇的合作社是在不改变小手工业者的生产方式的前提下与资本主义生产并行的一种生产方式，它既不能改变资本主义的生产方式，也不可能从根本上解决资本主义制度下劳动者受剥削和受压迫的问题。显然，这种合作社方式并没有从根本上触动资本主义社会生产资料的私人占有制形式。对此，恩格斯进行了深刻的批判。他在1886年1月致倍倍尔的信中说："这件事无论同舒尔茨–德里奇或是同拉萨尔都毫无共同之处。他们两个人提出建立小合作社：一个是靠国家帮助，另一个是不靠国家帮助，但他们两个人都认为，这些合作社不应占有现有的生产资料，而只是同现存的资本主义生产并列地建立新的合作生产。我的建议要求把合作社推行到现存的生产中去。正像巴黎公社要求工人按合作方式经营被工厂主关闭的工厂那样，应该将土地交给合作社，否则土地会按照资本主义方式去经营。这是一个巨大的差别。"

第二节　对法德共产党的批判

在19世纪80年代，法、德两国农村人口分别占全国总人口的50%左右，农民是一支重要的社会政治力量。而争取广大农民的支持，对于发展工人运动和社会主义运动具有重要的意义，但第二国际各党对农民问题持冷漠态度。到了19世纪90年代，由于农民的不满情绪增长，为了争取农民的支持，第二国际各党开始讨论和制订土地纲领。但在如何争取农民和解决农民问题这一重要原则问题上，他们却和恩格斯有重大分歧。法国工人党1892年马赛代表大会和1894年南特代表大会，德国社会民主党1894年法兰克福代表大会，都讨论了农民问题，分别制定了恩格斯极力反对的土地纲领，特别是法、德两党在土地问题上的观点论战，恩格斯于1894年11月15日—22日写了著名的论文——《法德农民问题》，并在德国社会民主党的理论杂志《新时代》上发表。对法、德两党在农民问题上的机会主义观点进行了迎头痛击，进一步阐述了马克思主义关于农民问题的思想。

恩格斯认为，解决农民问题必须坚持生产资料公有制原则，而法国共产党用保护农民小块土地为条件来挽救小农，这种主张是极其愚蠢和错误的。在批判南特纲领和福尔马尔的观点时，恩格斯着重分析了合作社大生产的巨大优越性。他深刻地指出，"要保住他们那样的小块土地所有制是绝对不可能的，资本主义大生产将把他们那无力的过时的小生产压碎，正如火车把独轮手推车压碎一样是毫无问题的"。因此，"这里主要的任务是使农民明白地看到，我们要挽救和保全他们的房屋土地，只有把他们变成合作社的占有和合作社的生产才能做到。正是以个人占有为条件的个体经济，使农民走向灭亡"。也就是说，共产党不能用保护土地私有制去安抚农民。只有把生产资料转归公共占有，并进行大规模经营，才是农民得救的唯一出路。

第三节　关于合作社地位和作用的论述

无产阶级夺取国家政权以后，在实现社会变革中，需要通过一系列的过渡形式和中间环节，实现既定的共产主义目标。合作社就是向共产主义过渡的中间环节之一。恩格斯对合作社的看法在与马克思保持一致的同时，特别强调了合作社在向共产主义过渡时的地位和作用，并注意到了合作社利益同整个社会利益之间存在着矛盾。恩格斯指出："至于在向完全的共产主义经济过渡时，我们必须大规模地采用合作生产作为中间环节，这一点马克思和我从来没有怀疑过。"此时，马克思已逝世两年。恩格斯代表马克思和他自己，对合作社这种生产方式表示如此肯定的态度，还是第一次。尽管马克思生前在《哥达纲领批判》中讲过合作社，但马克思主要讲的是工人合作社。现在恩格斯代表马克思和他自己把合作社与农民的共产主义经济制度联系起来。

恩格斯指出："但事情必须这样来处理，使社会（即首先是国家）保持对生产资料的所有权，这样合作社的特殊利益就不可能压过全社会的整体利益。"显然，恩格斯认为，合作社必须建立在无产阶级掌握了生产资料所有权的基础上。为了保证土地国有化改造道路的有效进行，恩格斯认为无产阶级一旦掌握政权，首先应把土地产权交给（租给）在国家领导下独立经营的合作社，使国家仍然掌握着土地的所有权。恩格斯说："我的建议要求把合作社推行到现存的生产中去，正像巴黎公社要求工人按合作方式经营被工厂主关闭的工厂那样，应该将土地交给合作社，否则土地会按照资本主义方式去经营。"

恩格斯严格把大土地所有制与农民小土地所有制的改造区分开来。那么，大土地所有制收归国有后，如何经营呢？由于当时革命形势的发展，无产阶级有可能掌握国家政权。恩格斯曾最先提出国家经营农场的设想。但是，1848年欧洲革命后社会发展情况不断发生变化，尤其是19世纪60年代后，随着合作社的广泛发展，恩格斯积极投身于合作社研究。在《论住宅问题》一书中，恩格斯指出"现存的大地产将给我们提供一个良好的机会，让联合的劳动者来经营大规模的农业，只有在这种巨大规模下，才能应用一切现代辅助工具、机器等等，从而使小农明显地看到通过联合进行大规模经营的优越性"。

第四节　关于工人合作社的论述

恩格斯于1847年11月30日在伦敦德意志工人教育协会的演说中强调："竞争和生存逼着这些在市场竞争中处于弱势的小生产者、雇工和低收入消费者联合起来，尝试通过合作社形成竞争优势来改变自己的竞争地位和生活处境，抵御资本主义市场经济带给他们的生活苦难。弱者一经联合就不弱了。"1884年至1886年，恩格斯在一年多时间内连续与倍倍尔通信，讨论工人合作社问题，阐明了对资本主义条件下工人合作社的发展以及在向共产主义过渡中合作社的地位、作用等问题的看法，高度评价了合作生产方式。恩格斯认为在资本主义条件下，工人阶级要积极利用合法斗争来发展合作社。恩格斯指出："投票赞成给工人合作社以津贴和贷款，目的不是而且主要不是用来开办新的企业（如果是这样，就会重复拉萨尔的有其种种缺点的提案），而是租赁国有土地以及其他的地产，并按合作方式耕种这些土地；由自己出资或国家出资收购厂主因危机或破产而停产的工厂等，或者是收购那些指定出卖的工厂，并按合作方式进行经营，从而准备把全部生产逐步过渡到合作制的轨道上去。在其他同等条件下，在一切提供国家订货的场合，对合作社要比对资本家及其联合会优先照顾，因此，原则上尽可能把一切公共工程交给合作社承办。扫除在自己合作社道路上还存在的一切立法的障碍和困难，因此，首先要通过废除那个破坏一切工会和合作社的反社会党人法，重新把工人阶级置于公法保护之下，不管公法是多么的可怜。"

第五节　关于农民合作社的论述

恩格斯在关注合作社一般性问题的同时，还关心以农业合作社为中心的具体问题。1894年恩格斯创作的《法德农民问题》一书对农业合作社进行了富有创造性的论述。一方面，提出了农业社会主义改造的纲领和政策，全面阐述了马克思主义者对待农民应持的根本立场和观点；另一方面，第一次系统地阐述了关于怎样开展农民合作来实现农民走社会主义道路，是马克思主义开展合作社与引导农民走社会主义道路问题的理论基础。他的社会主义合作思想同马克思的合作思想，成为无产阶级合作社运动发展的理论基础。

一、《法德农民问题》形成

19世纪80年代至90年代，德国、法国共产党在议会选举中，为了争取农民的选票，在党纲中提出了要保护农民的小块土地、"保留私有制"等主张，以讨好农民。这就背离了社会主义公有制的原则。同时，1894年10月，福尔马尔在德国党法兰克福代表大会上引述了法国社会党人的土地纲领，并声称得到恩格斯的赞同。对此，恩格斯为了批判第二国际和法、德两党在土地问题上的机会主义观点，并澄清德国社会民主党人福尔马尔对他的歪曲，不顾年事已高，撰写了《法德农民问题》这一光辉著作，并于1894年11月15日至22日在《新时代》上发表，全文分引言和两章正文，被收入《马克思恩格斯全集》第22卷。《法德农民问题》是恩格斯晚年最后一篇重要著作，是在他逝世前一年完成的。这是一部马克思主义关于农民问题的纲领性著作，是对马克思主义合作思想、农业社会主义改造理论和工农联盟理论的贡献。第一部分着重阐明了无产阶级在争取无产阶级专政的斗争中与农民结成联盟的重要意义；第二部分阐述了无产阶级取得政权后引导农民走合作社道路的纲领和步骤。全书主要内容如下：

（一）恩格斯逝世前一年完成的这篇光辉著作，系统地批判了第二国际的观点和法、德两党在农民土地问题上主张保护私有制的机会主义错误，明确指出了在资本主义制度下农民破产和无产阶级化的不可避免性，对法、德两党在农民问题上的机会主义观点进行了迎头痛击。

（二）阐述了无产阶级取得政权后对待农民参加合作社要采取自愿、典型示范、国家帮助和从低级到高级逐渐发展的方针和原则。引导农民走社会主义的合作化道路，并预见了农业生产合作社由低级形式到高级形式，提出了由集体所有制过渡到全民所有制的发展远景。

（三）指出农村雇佣工人是无产阶级政党在农村中首要的依靠力量，正确地对待和团结小农是对农村居民其他部分态度的一切立足点；这篇文章论证了无产阶级在夺取政权斗争中与农民结成广泛联盟的重要意义，阐述了无产阶级夺取政权后解决农民问题的道路和方法，是马克思主义关于农民问题的经典文献。

（四）系统阐明了通过合作制引导农民走社会主义道路的理论，这标志着合作制度从空想到科学的完成。系统提出了发展合作社的政治、经济和社会条件。即"在我们夺得国家权力的那一天"的条件下，实行"合作社占有"制，农民"按入股土地、预付资金和所出劳力的比例分配"。

二、通过合作社引导农民走社会主义道路

恩格斯在《法德农民问题》中，指出无产阶级在争取实现无产阶级专政斗争中与农民结成联盟的必要性和可能性，阐述无产阶级在取得政权后引导农民走向农业合作化的纲领和步

骤，强调对小农不能用暴力剥夺，而应通过示范把他们逐步引向合作社的生产和占有。这是马克思主义关于农民问题的重要著作。实现农业合作化是一场十分复杂的社会革命，恩格斯在论述农民问题的革命重要性之后，提出了合作社是引导农民走社会主义道路的根本途径的思想，并对如何引导小农走向社会主义作了深刻而详尽的分析。

恩格斯说："被我们挽救而没有真正转变为无产者，还在农民地位时就被我们吸收到自己方面来的农民人数愈多，社会变革的实现也就会愈迅速和愈容易。我们无须等到资本主义生产发展的后果到处都以极端形式表现出来的时候，等到最后一个小手工业者和最后一个小农都变成资本主义大生产的牺牲品的时候，才来实现这个变革。"

三、通过合作社吸引农业工人和小农参加无产阶级运动

在资本主义社会，小农面临资本主义激烈的竞争。"要保全他们那样的小土地所有制是绝对不可能的，资本主义的大生产将他们那无力的过时的小生产压碎，正如火车把独轮手推车压碎一样是毫无问题的"。1870年，恩格斯在《德国农民战

争》（第二版序言）中，论述了通过合作制吸引农业工人参加到工人运动中来，与城市工人结成同盟军来争取自身的解放。恩格斯指出："凡是中等地产和大地产占统治地位的地方，农业短工是农村中人数最多的阶段。德国整个北部和东部地区的情况就是如此，而城市工业工人就在这里找到自己人数最多的天然同盟者。正像资本家与工业工人相对立一样，土地所有者或大租佃者是与农业短工相对立的。那些帮助工业工人的措施，也能帮助农业短工。工业工人只有当他们把资产者的资本，即为生产所必需的原料、机器和工具以及生活资料变成社会财产，即变成自己的、由他们共同享有的财产时，他们才能解放自己。同样，农业工人，也只有当首先把他们的主要劳动对象即土地本身从大农民和更大的封建主私人占有中夺取过来，而变作社会财产并由农业工人的合作团体耕种的，他们才能摆脱可怕的贫困。这里我们就谈到了巴塞尔国际工人代表大会的著名决议：为了社会的利益，必须把地产变成共同的、国家的财产……农业无产阶级，即农业短工，是为各邦提供新兵最多的阶级……唤起这个阶级并吸引它参加运动，是德国工人运动首要的最迫切的任务。一旦农业短工群众学会理解自己的切身利益，在德国就不可能再有任何封建的、官僚的或资产阶级的反动政府存在了。"

1871年11月，丹麦有个社会主义者写了一篇文章，宣传了工人阶级同农村无产阶级和贫苦农民结成联盟，建立合作社和实行土地国有化的必要性的思想。这件事引起恩格斯的高度重视。他在1872年4月写给路易·皮奥的信中说："那篇关于通过合作社组织农业生产的文章，已在西班牙、意大利和美国报刊上发表，现在我又看到它转载在《社会思想报》上。这篇文章引起了轰动，因此不会不产生效果。一般说来，在吸引小农和小租佃者参加无产阶级运动这个非常重要的问题上，丹麦人由于当地的条件和政治上的高度发展，现在走在所有其他民族的前面。"1894年11月，恩格斯在《法德农民问题》一文中又重提了这件事："差不多20年以前，丹麦的社会党人就已经提出了类似的计划。一个村庄或教区的农民——在丹麦由许多大的个体农户——应当把自己的土地结合为一个大田庄，共同出力耕种，并按入股土地、预付资金和所出劳力的比例分配收入。"

四、提出了合作社的两种组织形式

马克思、恩格斯在《共产党宣言》和《论土地国有化》等著作中提出了社会主义土地国有化基础上有计划地发展农业的思想，但没有解决农业生产的组织形式问题，而解决这一问题主要是恩格斯的贡献。《法德农民问题》第一次明确具体地指出："我们对于小农的任务，首先是把他们的私人生产和私人占有变为合作社的生产和占有。"在经过长时间研究之后，恩格斯提出了将农民小土地所有制过渡到集体所有制，采用农民合作社的组织形式进行经营的主张。恩格斯晚年提到了合作社的两种形式：国有土地上的农业工人合作社和土地集体所有的农民合作社，并把农业合作社分为农业工人合作社和农民合作社两种形式。

五、提出了兴办合作社的几个原则

在《法德农民问题》中，恩格斯指出引导农民走合作社道路时要注意以下几个原则：

1. 坚持自愿原则，不剥夺农民

恩格斯说："我们得竭力设法使他们的命运较为过得去一些，如果他们下决心的话，就使他们易于过渡到合作社，如果他们还不能下决心，那就再给他们一些时间，让他们在自己的小块土地上考虑考虑这个问题。""我们预见到小农不可避免地要灭亡，但我们决不应该以自己的干涉去加速这种灭亡。""当我们掌握国家政权的时候,我们根本不能设想我们会像我们不得不对大地所有者那样,去用强力剥夺小农(不论有无报偿,都是一样的)。"

2. 坚持典型示范原则

恩格斯指出,小农是未来的无产者,他们本来应当乐意倾听社会主义的宣传,自动地参加我们提倡的合作社,但是"他那根深蒂固的私有观念,暂时还阻碍他这样做"。对于小农我们不是采用暴力,而是通过示范和为此提供社会帮助"的办法,"给这些合作社提供更多的便利","使农民明白地看到,这是为了他们自己的利益,这也是他们唯一得救的途径"。

3. 强调国家和政府的作用

在社会主义条件下,任何一个新生的制度都需要无产阶级国家财政的帮助。为了合作社的健康发展,无产阶级国家"在这方面为了农民的利益而必须牺牲一些社会资金……因为这种物质牺牲可能使花在改造上的费用节省十分之九"。在促进合作社发展方面,恩格斯说,"至于怎样具体地在每一场合下实现这一点,那将决定于这一场合的情况,以及我们夺得政权时的情况。可能我们那时将有能力给这些合作社提供更多的便利:由国家银行接受它们的一切抵押债务并将利率大大减低;

从社会资金中抽拨贷款来建立大规模生产（贷款不一定或者不只是限于金钱，而且可以是必需的产品：机器、人工肥料等等）及其他各种便利"。这里提出了国家要为合作社提供更多的便利和支持，以及国家帮助合作社的方式。

4. 坚持因地制宜、区别对待的原则

恩格斯强调，合作社可以形式多样，因地制宜，逐渐从低级形式向高级形式发展。对大土地占有制不应该有任何顾忌，干脆地剥夺他们，就像剥夺工厂主一样，然后把这些大地产归还给社会，转交给组织成合作社的农业工人使用。恩格斯希望这种剥夺可以用赎买的办法实行，认为如果能够赎买下来，对于我们是再便宜不过了。但是赎买能否实行，则取决于取得政权时的情况，尤其是取决于大土地占有者先生们自己的态度。

关于对待小农的政策：指出"小农"是除农业工人以外，无产阶级在农村中的主要依靠力量。他们既是"私有者"，又是"未来的无产者"。无产阶级夺取政权以后，对待小农一要宣传教育；二要示范等待；三要在人力、物力、财力等方面给小农予以慷慨的帮助。关于对待中农的政策：对待中农和大农，也要"拒绝实行暴力剥夺"，应建议他们联合起来成立合作社。关于对待大土地所有者的政策：必须实行暴力剥夺。在剥夺的方法上，恩格斯提出可以实行赎买的方法。恩格斯上述对农业社会主义改造的系统构想，在当时可以说是一个天才的设想和完备的大纲。

5. 反对雇工剥削

恩格斯在《法德农民问题》中指出，社会主义是专门反对剥削雇工劳动的。为了把中农和大农也吸引到革命方面来，在由他们联合组织的合作社中，短期内还可以保留一些雇工现象。不过这只能是暂时的，其目的是有利于生产和便于"在这种合作社内愈来愈多地消除对雇佣劳动的剥削"，直到最后彻底消灭剥削。

6. 按比例分配

关于合作社的分配，恩格斯肯定了丹麦社会党人提出的收入分配办法，他写道："差不多20年以前，丹麦的社会党人就已提出了类似的计划。一个村庄或教区的农民——在丹麦有许多大的个体农户——应当把自己的土地结合为一个大田庄，共同出力耕种，并按入股土地、预付资金和所出劳力的比例分配收入"，即在从私人生产和占有变为合作社的生产和占有阶段，可以按入股土地、预付资金和所出劳动力的比例分配收入，这就是说，在合作化初期，合作社保留农民的所有权，按入股土地、预付资本和所付出劳力的比例分配收入。显然这种分配制度有普遍意义，不是作为个别特殊例子提出来的。这样既照顾农民彼此之间的利益，又充分动员他们的土地和资金。

7. 提出改善社员福利的思想

恩格斯把丹麦的办法和思想运用于小块土地经营方面。"在丹麦，小土地所有制只起次要作用。可是，如果我们这一思想运用于小块土地经营方面，我们就会发现：在把各小块土地结合起来并且在全部结合起来的土地上进行大规模经营的条件下，一部分过去使用的劳动力就会变为多余的；劳动的这种节省也就是大规模经营的主要优点之一。要给这些劳动力找到工作，可以用两种方法：或是从邻近的大田庄中另拨出一些田地给农民合作社支配，或是给这些农民以资金和可能性去从事副业，尽可能并且主要是为了他们自己的消费，在这两种情况下，他们的经济地位都会有所改善，并且这同时会保证总的社会领导机构有必要的威信逐渐把农民合作社转变为更高级的形式，使整个合作社及其个别社员的权利和义务跟整个社会其他部分的权利和义务处于平等的地位"。这里，恩格斯不仅论述了小块土地合作经营的优点，合作社要从事副业，而且合作社要改善农民的经济地位，逐渐把农民合作社转变为更高级的形式。

第五章　列宁合作社理论

　　列宁的合作社理论有一个产生、发展和最终确立的过程。主要分为十月革命胜利前、战时共产主义时期、新经济政策时期三个阶段。在十月革命胜利前，列宁在同合作社改良主义的斗争中，主张土地实行国有化，建立协作农场，继承和捍卫了马克思、恩格斯的合作社理论，并为列宁合作社理论的形成奠定了基础；十月革命胜利后，在列宁的领导下，俄国在世界上建立了第一个实行无产阶级专政的社会主义国家，从此在社会主义条件下，开始了合作社理论的实践。列宁在社会主义的具体实践中，提出了符合俄国经济实践的合作社理论。这一时期以1921年3月的新经济政策为界限分为两个历史时期。在这两个不同时期，列宁提出了两个不同的合作社计划，一是1921年春天以前战时共产主义时期施行了三年多的合作社计划，致力于发展农业公社，恢复大工业，组织大工业和农业间的直接产品交换，帮助小农直接走向公有化，但在经历了三年战时经济的严酷饥荒后，从1921年开始实行新经济政策；二是1921年开春以后新经济政策时期施行的逐步审慎地改造小农的合作社计划，在著名的《论合作社》中，他讲道："合作社的发展也就等于社会主义的发展。"列宁在十月革命前和十月革命后两个不同的历史阶段里，创造性地运用马克思主义合作经济思想的立场、观点和方法，指导世界上第一个社会主义国家合作社事业的发展。

第一节　十月革命胜利前合作社理论

十月革命胜利前，列宁在同合作社改良主义的斗争中，继承和捍卫马克思、恩格斯合作社理论，并逐渐形成了列宁的合作社理论。

一、历史背景

早期列宁合作社理论的产生，有一个复杂的历史背景。从19世纪七八十年代开始，合作社运动已逐步成为城乡劳动者和中产阶层的群众性运动，合作社高潮使得大部分工人社会主义者和社会民主党人以为合作社可作为争取改善劳动者生活和劳动条件的手段，可以作为摆脱阶级剥削、压迫和建立社会主义制度的手段。在俄国1905—1907年革命后的反动年代，社会民主党人转入地下秘密活动。合作社成为劳动群众唯一的合法组织，从而很多社会民主党人寄希望于合作社，并由此高估合作社的社会政治作用。在英国、比利时、法国以及其他欧洲国家，合作社运动也与工人运动以及社会主义政党紧密地联系在一起。在19世纪末，俄国的革命者，如无政府主义者思想家莫·巴枯宁（1814—1876），斯拉夫主义者、革命民主派人士安·格·车尔尼雪夫斯基（1828—1889），安·阿·杜布洛鲁勃夫（1836—1861）和民粹派阿·伊·赫尔岑（1812—1870）等人提出各种小资产阶级合作改良经济思潮，企图以此引导俄国走上非资本主义的道路。20世纪初，俄国的合作社种类颇多，体系复杂，各流派对罗虚代尔原则的解读也不甚一致。孟什维克、社会革命党与布尔什维克争夺合作社领导权的斗争非常激烈，自由民粹派的合作经济思想得到俄国社会革命党人的拥护，他们试图以农业合作社作为俄国农业社会主义改造的独立道路。

二、两条路线

在国际社会民主运动中，对合作社的社会政治作用的评价有两个不同的路线。第一种路线是小资产阶级的合作社路线，即脱离无产阶级本身地位的彻底变革来谈合作社的意义。在这种历史背景下，合作社在评价工人运动和社会发展中的地位和作用问题上，各国社会民主党人有两种观点：一种观点是认为合作社是一种可以把资本主义改造为社会主义的特有的经济手段，合作社的发展可以脱离阶级关系的限制，而持政治上的中立。另一观点认为合作社对工人运动毫无作用。第二种路线是与小资产阶级的合作社路线相悖的无产阶级合作社路线。摆在列宁面前的首要任务是必须在科学论证的基础上向无产阶级及其政党阐明合作社运动和合作社的社会经济实践，以及它们在改造社会中的历史地位。指明合作社运动中的无产阶级路线，确定在什么条件下合作社才能真正起这种作用，而不会成为纯粹的商业企业等。

列宁继承和进一步阐述马克思主义的合作经济思想的基本原理，严厉地批评上述这些以不推翻资本主义生产关系为前提的合作社改良主义的思想。列宁在《什么是"人民之友"以及他们如何攻击社会民主主义者？》一文中首次提到合作社问题，此后在《我们拒绝什么样的遗产？》《关于一份报纸记载的问题》《农业中的资本主义》《农业问题和马克思的批判》

《给农村贫民》《在哥本哈根国际社会主义会议上讨论合作社问题》等文献中，运用马克思主义的立场、观点和方法，在同自由民粹主义者、社会革命党人的错误合作社观点和思潮的斗争中，系统论述了资本主义制度下合作社运动的性质、地位、历史作用，激烈地抨击了自由民粹主义者、社会革命党人的合作社主义的观点，形成了列宁十月革命前的合作经济思想。列宁在1905年10月17日《无产者报》第21号发表的《"火星派"策略的最新发明：滑稽的选举是推动起义的新因素》一文中，提出了"社会主义是一个为了消费而有计划组织生产的大消费合作社"的著名论断，在列宁领导下，1908年俄国社会民主工党中央委员会通过了一项合作社决议，号召各级党组织对合作社运动予以关注，要求凡是有工会的地方，就要组织合作社，全体党员带头入社，有力地推动了这一时期全俄合作社运动的发展，为孕育社会主义合作社做了充分的组织准备。

三、关于资产阶级合作社的性质和作用

列宁认为，在资本主义制度下，小资产阶级合作社的社会性质是资本主义的附属物，小资产阶级合作社的发展起着巩固和促进资本主义生产关系的作用。在这种条件下，建立各种

农民合作社，并不是走向"公社制度"，而是走向资本主义。列宁在《什么是人民之友》一文中认为："各种改革、改良，其中包括合作社的改良与发展，不仅丝毫不能在实质上改良什么，相反，它们力图发展和巩固资本主义生产关系。"列宁认为："在这种条件下，合作社丝毫不能消除生产资料积聚在少数人手里的现象，至多不过使一小群手工业者升入小资产阶级行列。合作社是经济进步的一个环节，但它是向资本主义进步，而不是向社会主义进步。""以改善与巩固农民经济地位为目的而建立合作社是件好事情。但是，合作社不可能使农民摆脱贫困而自立起来。"合作社的好处是反映了广大农民的利益，发挥了他们的集体经济管理才能，从而在完成社会主义革命后，能够利用合作社，并由此走上社会主义道路。1910年，第八届国际社会主义会议在哥本哈根召开，关于合作社问题成了这次会议的重要议题之一。在这次会议上，改良主义者提出了合作社"中立化"的口号，宣传以建立合作社来实现社会的根本改造。列宁在这次会议上以个人名义写了俄国社会民主党代表论合作社决议草案。列宁指出，合作社运动工人仅仅是工人运动可以利用的阶级斗争的工具之一，合作社运动不能代替争取无产阶级专政的革命目标，合作社的政治中立化是模糊阶级斗争的界限，反映资产阶级利益和要求的口号。1910年的哥本哈根会议后，列宁发表了《在哥本哈根国际社会主义会议上论合作社问题》的著名论著，全面论述了资本主义条件下合作社的社会本质、地位和作用。列宁在他起草的《哥本哈根代表俄国社会民主党代表团关于合作社问题的决议草案》和《哥本哈根国际社会主义大会关于合作社问题的讨论》一文中阐明了如下观点：在资本主义社会中，由无产阶级组织的消费合作社具有三个方面作用。其一是可以减少商业资本的中间盘剥，改善合作社成员的生活状况；其次是能够在罢工、同盟歇业、政治迫害和其他变故期间给工人以生活支持；其三是可以利用合作社向工人传播阶级斗争思想和社会主义思想。并培养工人成为未来社会主义社会"经济生活的组织者"。

四、关于无产阶级合作社的作用

列宁认为，资本主义制度下无产阶级的合作社是组织无产阶级参加解放斗争的重要形式，是社会主义革命胜利和建设社会主义的手段之一，在国际工人运动和社会改造运动中发挥了重要作用。

第一，无产阶级合作社是联合和团结劳动者对抗资本主义制度的形式之一。"合作社能够在罢工、同盟歇业、政治迫害以及其他变故期间给工人支持，因此，对于无产阶级的群众性经济斗争和政治斗争起重要作用。"列宁在1907年俄国社会民主工人党第五次代表大会的决议中及1908年1月俄国社会民主工人党中央委员会决议中指出，工人阶级与资本主义制度斗争的形式包括社会民主党、工会以及合作社。号召党要注意合作社的作用，参加并组织工人合作社。

第二，无产阶级合作社"能够减少各种商业中介人的剥削，影响商品供应者企业中工人的劳动条件，改革合作社职员的生活状况，在这些方面使工人阶级的生活状况改善"。

第三，无产阶级合作社是加速社会主义胜利的必要条件和因素。列宁认为，资本主义社会建立起来的合作社仍是集体的资本主义组织，无产阶级合作社是通过资本主义生产关系社会化的发展及共同经营与管理的企业组织，为社会主义生产方式准备了物质和组织基础。因此，"无产阶级合作社把工人阶级群众组织起来以后，训练他们处理事务和组织消费，并在这方面把他们培养成未来社会主义社会的经济生活的组织者"。合作社在资本主义社会准备了促进社会主义建设的必要条件和因素。这些条件在无产阶级取得政权后有利于加速社会主义建设，无产阶级合作社在资本主义社会为向社会主义过渡准备好了主观条件。正如列宁所言，"合作社，这是资本主义社会里建立的，我们应当利用的唯一机构"。

五、指出无产阶级合作社的局限性

列宁认为，尽管无产阶级合作社在反对资本主义制度中有上述积极作用，但是决不能片面夸大这种作用，甚至准备以建立合作社的方式来代替推翻资本主义的口号，或者简单地以合作社代替社会主义。因为资本主义制度下的无产阶级合作社有下述不足之处：

第一，这种无产阶级合作社具有资本主义的社会性质。因此，合作社的生产和发展不会导致社会主义生产关系的产生和发展。"只要政权仍掌握在资产阶级手中，消费合作社就是可怜的一小部分，它保证不了任何重要的变动，引不起任何有决定意义的变化。"在资本主义制度下，合作社是资本主义的企业，其生产和发展的指导原则仍旧是获取利润，与其他企业不同之处仅在于它是集体所有，是企业成员的团体利益。同时，列宁认为工人运动可以利用合作社，但不能幻想依靠合作社运动求得解放。列宁说：旧时合作社工作者的理想中有很多幻想。他们常常由于这种幻想而显得可笑，可是他们的幻想究竟表现在什么地方呢？表现在这些人不懂得工人阶级为推翻剥削者统治而进行的政治斗争的根本意义。因此，合作社仅仅是一种无产阶级的经济斗争的工具，可是合作社不可能是直接与资本家斗争的经济组织。从而，合作社不可能是能够把资本主义转变为社会主义的组织。只有当合作社与工人运动、工人党结合起来，合作社的历史积极作用才能得以发挥，否则它仅仅是资本主义社会的一个集体所有制企业。

第二，资本主义制度下的消费合作社在改善劳动者的经济地位上，局限在狭小的范围。尽管消费合作社可以在一定程度上改善劳动者的经济状况，但这种作用"由于工资微薄而被限制得很狭窄，这是受资本压榨折磨的雇佣奴隶的组织"。"只要生产资料还在剥削阶级手中，通过消费合作社可以取得的改善只能是极不显著的改善。"列宁对工人协作社是肯定的，但对德国廉价买进高价卖出的联合组织持否定态度，因为他认为合作社只解决了一小部分人的联合和受益。列宁对俄国当时出现的劳动组合、村社联盟、协作社也持否定态度，他认为干酪合作社使农户受贫而使地主和农民资产阶级受益。

第三，合作社的存在和发展可能在一部分劳动者中产生错误的观念，即合作社是解决社会问题的有效手段。列宁强调："消费合作社不是同资本直接进行斗争的组织，它同其他阶级的类似组织一样，可能造成一种错觉，以为不用进行阶级斗争和剥削资产阶级，通过这些组织就可以解决社会问题。"

六、提出工人党对待无产阶级合作社的策略

根据上述对无产阶级合作社的性质和社会作用的分析，列宁提出了关于对待合作社的策略。

第一，在资本主义制度下，要正确理解合作社仅仅是能够作为促进社会主义生产关系产生的物质前提的意义上才能成为社会主义的一部分。"工人在消费合作社中获得的本领非常有用，这是无可争辩的。但是，只有政权转入无产阶级手中以后，才能充分利用这些技能。"因此，一方面，要反对夸大消费合作社的历史作用的看法；另一方面，必须帮助组织各种工人社团。

第二，主张在无产阶级夺取政权以后，土地要实行国有化，要建立大农场，实行共耕制。1903年，列宁在《给农村贫民》一文中提出："当工人阶级战胜一切资产阶级的时候，它就会夺取大业主的土地，就会在大的地主庄园上办起协会农

场，工人大伙儿一起种地，自由选择代表人当管理人员，有各种机器来减轻劳动，轮班工作，每天最多工作8个小时。那时候，就是还想照旧单独经营的小农，也不会为市场而经营，不会卖给别人而是为工人协作社而经营，小农把粮食、肉、青菜供给工人协作社，而工人把机器、耕畜、肥料、衣服和农民所需要的其他一切东西不要钱地给他们。"1918年，列宁指出：

"合作社作为资本主义社会中的一个小岛，它是商店。但是，如果合作社普及到土地社会化和工厂国有化的整个社会，那它就是社会主义了。"

第三，主张无产阶级政党积极帮助和利于合作社，要鼓励工人加入合作社，在工会发展的地方组织新的合作社。列宁强调，"工人党和工人运动特别要注意合作社的建立于发展，积极参加合作社的工作，在合作社内部建立党小组，利用合作社作为党的宣传阵地，向工人阶级传播阶级斗争思想和社会主义思想，坚决保持这些组织民主性，努力使工人运动的一切形式尽量更加接近"。

七、评价

十月革命胜利前，列宁的合作经济思想基本是继承了马克思、恩格斯的原则，对合作社经济分析、论述的内容与马克思、恩格斯也基本相同，列宁以马克思、恩格斯关于合作社性质和历史作用的论点作为依据，同俄国民粹派、革命党人以及合作社运动的改良主义斗争。

第一，列宁认为只要存在资本主义制度，合作社的性质就不能是社会主义的，更不可能由此走向社会主义。认为支持和发展合作社不等于放弃无产阶级的积极斗争目标。这是因为，在资本主义社会，资产阶级也支持合作社，并不断过分夸大合作社的作用。列宁认为："只要政权仍掌握在资产阶级手中，消费合作社就是可怜的一小部分，它引不起任何有决定意义的变化。"而合作社只有在无产阶级专政条件下才能够成为改造社会的手段和途径。"说什么在现代社会中'各种各样的合作社'起着革命的作用，培养着集体主义，而不是在巩固农业资产阶级，这是在骗人。"

第二，列宁还认为，在社会主义社会公有制的生产关系"整体"中，合作社仅是"一小部分"，合作社不是社会主义的最终目标。由于社会主义条件下还存在商品经济，所以，在商品经济条件下，合作社如若不能与无产阶级国家密切联系起来，则会产生资本主义。因而列宁十分重视对合作社的历史局限性和对工人运动的不利作用的论述，认为不论在什么社会和生产关系下，合作社只是该社会生产关系的"一小部分"，而不是"全部"。所以认为一个社会的生产关系可以全部是合作经济的看法是错误的。

列宁的上述思想一直保持到十月革命胜利后的初期，在实践上试图不使用合作社形式，而采用"公社"形式，实行共产主义原则的"共耕制"制度。列宁这一时期的思想对社会主义运动有着深刻影响，甚至成为前苏联集体农庄运动的理论依据。但是，列宁的上述思想随着对社会主义条件下的商品、货币关系的认识而有所改变，1921年春天以后，列宁的合作经济思想有了新的变化。

第二节　战时共产主义时期合作社理论

十月革命胜利后，列宁通过1918年1月起草的《关于消费公社的法令草案》、1918年3月《为建立全民计算和监督而斗争的意见》、1919年3月《各种合作社联合起来》、1919年12月4日《在农业公社和农业劳动组合第一次代表大会上的演说》等光辉文献中，形成了列宁战时共产主义时期的合作社理论体系。由于帝国主义武装干涉和国内战争，苏维埃政权被迫实行战时共产主义政策，虽然，这个时期合作社没有得到多大的发展，但经历这次洗礼，列宁的合作社理论愈加清晰和成熟。

一、历史背景

1917年十月革命胜利后至1918年春天，苏维埃政权曾有过一个短暂的喘息和平时期，这时俄国经济命脉已掌握在无产阶级手中，今后的问题是怎样引导小农经济的俄国走向社会主义。但是不久，1918年春天，国内外反对派对苏维埃政权发动武装进攻，企图把苏维埃政权扼杀在摇篮里，俄国进入战时状态。苏维埃面临国内外十分严峻和困难的军事、政治、经济等方面的形势。这迫使列宁和苏维埃政权不得不以最快的速度和最激烈的措施迅速过渡到社会主义，在经济方面采取"共产主义原则"。即在城市放弃发展国际资本主义的设想，以国家所有制经济全面取代私人企业，彻底改造消费合作社为"消费公社"，建立共产主义公社；在农村，通过法令使小农经济过渡到共耕制和大规模的社会主义农业公社，解决农村合作社的社会主义发展问题。这一时期列宁的合作经济思想的发展过程可大致划分为两个小时期，一是1917年底至1918年夏时期的利用和改造消费合作社为"消费公社"的思想;二是1918年夏至1912年春天为止的战时共产主义公社制的合作经济思想。

按照列宁的设想,只有当全体人民都参加了消费合作社,合作社代表着全民的整体利益而不是部分居民的利益时,合作社才是完全意义的社会主义组织形式,合作社不仅在分配上,而且在生产方面也要实现全面利益。列宁为此提出了使合作社走上"大集体"的社会主义计划,即共产主义公社制的计划,以区别于资本主义的合作社。

二、战时共产主义公社制的组织形式——消费公社

"消费公社"是对沙俄时代的"消费合作社"的改造而建立起的全面分配的组织形式。其改造过程为资产阶级的消费合作社转变为社会主义的消费合作社,再转变为共产主义消费合作社。

沙俄时代遗留的消费合作社有四万多个。消费公社是在改造沙俄时代的消费合作社基础上建立起来的全民分配的组织方式。沙俄是个不发达的资本主义国家,消费合作社的发展仅限于缴得起股金的少数人,且品类繁杂,在经营形式上分为供

销合作社、城市消费合作社、农村或郊区消费合作社、铁路消费合作社、工厂消费合作社、工人消费合作社、官吏消费合作社、手工业者消费合作社等，但没有形成全国统一的联合组织，各自反映了某一阶层、集团的部分入股者的利益。其性质是"资本主义社会里就已存在的合作社，浸透了资产阶级社会的精神"。在国内战争中，许多合作社站在资产阶级一边与无产阶级对抗。因此列宁对合作社的策略为利用、扶持和发展合作社。列宁指出："全世界合作社运动的伟大创始人无不指出这个运动应转变为社会主义，现在这个时候到了。"到十月革命胜利时，全俄共有合作社2.35万个，社员681万人，对此，列宁认为这是旧社会留下来的一笔宝贵文化遗产，必须珍视和利用。为利用和改造旧合作社，列宁在农业改造上提出利用城市工人与贫苦农民的联盟逐步地向共耕制和社会主义大农业过渡。这一时期，沙俄时代留下的消费合作社多数都没有掌握在无产阶级手中，列宁在《苏维埃政权当前任务》中提出："资本主义留给我们一种群众组织——消费合作社，这种组织便于我们过渡到对产品分配实行广泛的计算和监督。"在《俄共（布）党纲草案》中，列宁又指出："在分配方面苏维埃政权现时的任务是坚定不移地继续在全国范围内用有计划有组织的产品分配来代替贸易。目的是把全体居民组织到消费公社中，这种公社能把整个分配机构严格地集中起来，最迅速、最有计划、最节省、用最少的劳动来分配一切必需品。合作社就是达到这一目的的过渡手段。"1917年3月，列宁起草了《关于消费公社的法令草案》，该草案规定：实现消费公社国有，成为国家的分配机关；全国公民都必须参加当地消费合作社，使合作社成为全面合作社。工人合作社是全民合作社的领导，一个地区只办一个合作社。排除资产阶级在合作社中的领导地位，合作社在国家机关监督下工作。列宁的这个改造方案在实践中得到了无产阶级的支持，但遭到了资产阶级的反对。1918年1月，资产阶级反对全苏粮食代表大会提出消费合作社国有化方案，苏维埃政权对此作了暂时的妥协。列宁强调，"我们需要这样的协议，以便找到切实可行的、方便的、对我们适合的形式，从部分的、零散的合作社过渡到统一的全民合作社"。

1918年3月2日，列宁指出："如果合作社普及到土地社会化和工厂国有化的整个社会，那它就是社会主义。""正确地进行产品的供应和分配是无产阶级的基本任务之一，这个任务应当由合作社去执行。"在1918年《关于土地社会化的法令》中，实行对农业公社比合作社和个体农民优惠政策，列宁签发拨款

1000万卢布组织农业公社。同年，将合作社划归国家的主要分配机构——粮食人民委员部管辖，在农村鼓励农民自愿联合成立共耕社、农业劳动组合和农业公社。1918年4月10日，苏联国民经济委员会颁布了《关于消费合作社的法令》。这个法令的内容为：保持社员的资格、股金、入社费，但是合作社应采取一切办法使全部居民迅速加入合作社；每地区合作社不得超过两个；合作社依据苏维埃政权法令对居民（不论是社员或非社员）以平等原则分配产品。社员可于年终得到按购货额的5%的红利。但是，对于这个妥协只是"同资产阶级合作社以及仍然坚持资产阶级观点的工人合作社达成的一种协议"，"如果苏维埃政权已经搞好了全国内的计算和监督，那就绝不会有作这种妥协的必要。那时我们就能通过各地苏维埃的粮食部，把居民联合成一个统一的受无产阶级领导的合作社"。因此，列宁的妥协只是一种临时的策略，其根本目标仍然是"消费公社"的共产主义分配制度。1918年夏，帝国主义和国内反对派开始了对苏维埃政权的武装干涉和颠覆，战争爆发。在非常时期，列宁和苏维埃采取了战时共产主义政策，实行余量征集制，在分配方面加速合作社的改革，其中经历了共产主义"消费公社"向社会主义"消费合作社"的演变。列宁指出：

"在分配方面，苏维埃政权现时的任务是坚定不移地继续在全国范围内用有计划有组织的产品分配来代替贸易。目的是把全体居民组织到统一的消费公社网中，这种公社能把整个分配机构严格地集中起来，最迅速、最有计划、最节省、用最少的劳动来分配一切必需品。"俄共认为，按共产主义原则进一步发展这种机构而不是把它抛弃，在原则上是唯一正确的。因此，应当继续贯彻自己的政策，让全体党员在合作社内工作，在工会的帮助下，以共产党的精神发挥联合在合作社中的劳动居民的主动性和纪律性，做到使全体居民都加入合作社。1918年12月，列宁指出："当资产阶级在政治上和经济上被剥夺以后，苏维埃政权的任务当然（主要）在于把合作社机构普及到整个社会，使本国的全体居民都成为全民的合作社社员。"所以，"一定要把合作社完成的巨大事业融合到苏维埃政权完成的巨大事业里去"。列宁的合作社策略之二是革命旧社会留下的合作社。把代表"一部分人"利益的合作社，改造成代表社会全民利益的"一个大合作社"，"一个总的合作社"。苏维埃政府于1919年3月16日颁布了由列宁签署的《关于消费公社的法令》，法令规定：在各城市和农业区，消费合作社将联合成一个统一的分配机构——消费公社；所有居民都要加入消费公社，成为公社的一员，所有原合作社的生产企业也转交给消费公社；所有合作社的资金都交给消费公社，公社把股金和入社费退还给原合作社社员；地方供应机构把分配产品和必需品的事务交给组织起来的消费公社。后来，消费公社又改为消费合作社。由于反动派攻击"消费公社"就是剥夺农民土地，并据此煽动农民反对苏维埃，苏维埃政府又于1919年6月30日将"消费公社"改为"消费合作社"。1920年还将信用社及其联社并入消费合作社，农业合作社联社也并入消费合作社中央联社。独立的信用社和农业合作社被取消。

在这一系列思想和法规指引下，苏联开始了大规模的农业合作，实现土地国有化，保留村社和原有份地的占有和使用，在没收大地主庄园，重新分配共有地和开发荒地的基础上，大力发展国营农场和集体农庄。集体农庄规定了三种主要形式：一是农业公社。公社实行各尽所能，按需分配，一切财产归公，实行公共住宅、公共食堂、公共缝纫和洗衣等，社员社外报酬要交给公社，只有公社分配给个人的生活必需品留给个人。这种财产公共占有和平均主义分配的后果使公社缺乏效率，劳动生产率下降。二是共耕社。社员共同使用国有土地，共同劳动，耕畜、农具归个人所有，社员按劳动和生产资料多少进行分配。三是农业劳动组合。耕畜、农具为集体所有，按劳动日分配，社员可经营少量个人副业。由于实行一切财产公共占有和平均主义分配原则严重脱离苏联当时的农业实际，很多农业公社缺乏效率，挫伤了社员的积极性；同时大规模集体化生产的要求远不能适应当时的生产力水平，组织经营不善，生产费用高，严重损害农民利益，挫伤他们的积极性。1919年以后农业公社发展受阻，1920年底，参加实行共耕制集体农庄的农民仅占总农户的0.5%。战时共产主义时期的合作社实践，违背了合作社宗旨和原则，使合作社发展遭到严重打击。在事实面前，列宁不得不承认："集体农庄的问题并非当务之急。我知道，集体农庄还没有很好地组织起来，还处于名副其实的养老院的可怜状态，现在还不能设想向社会主义和集体化过渡。"由于连续发生粮食危机和政治危机，战时共产主义政策无法进行下去了。1921年，俄国进入新经济政策时期。

这一时期，列宁强调建立工人合作社，设想把全国变成一个大的生产消费公社，并把合作社作为协助国家进行产品分配的供应组织，合作社实际上成了一个产品分配机关。

三、战时共产主义公社制的组织形式——共耕制

按照马克思、恩格斯的设想，在社会主义条件下，不存在商品货币。从而依照"一小部分"人的局部利益建立起来的合作社只能是向社会主义过渡的中间环节，而不能等同于社会主义。列宁继承了这一思想，十月革命胜利后，列宁曾把这些思想付诸实践。列宁认为"如果我们依然依靠小农经济来生活，即使我们是自由土地上的自由公民，也不免灭亡"，因此，"必须过渡到模范大农场的共耕制，不这样就不能摆脱俄国现在遭到的经济破坏，就不能摆脱这种简直是绝境的处境"。也就是说，无产阶级夺取政权后，恢复和发展农业经济的希望是建立共产主义原则的共耕制。

共耕制思想源于马克思、恩格斯的合作社思想，是列宁按照马克思、恩格斯关于小农经济必须过渡到规模大农场的共耕制才有出路的理论建立的一种生产经营制度。列宁指出："只有共耕制才是出路，公社、劳动组合的耕作、农民的协作社，这就是摆脱小农经济坏处的救星，这是振兴农业，改进农业，节省人力，同富农寄生虫和剥削者作斗争的手段。"

苏共九大认为共耕制是小农经济转到社会主义的过渡形

式，号召全体公民人人都加入合作社，并把这种分散的合作社过渡到统一的全民合作社，即实行共耕制。在这一制度下，土地国有化，社员无私产，土地、农具、牲畜和其他生产资料实行不同程度的公有。生活集体化，社员在公共食堂吃饭，生活在公社大集体中，有的公社还规定，所有的孩子是公社公有的，公社无父母。分配共产主义化，按需分配，产品平均有份。共耕制在实践中被证明行不通。一是所有生产和生活资料全部公有化，社员没有任何私有财产；二是实行生活集体化，家庭被弄得四分五裂；三是实行平均主义的分配制度，无法调动社员的积极性。列宁对此总结说，共耕制是在"大锅中盛饭吃"，"处于名副其实的养老院状态"。列宁不止一次地对这些进行严肃的自我批评。

四、评价

从俄国十月革命胜利到实行新经济政策这一时期，列宁开始将马克思、恩格斯的坚持生产资料社会所有制、坚持土地国有化等理论原则应用于苏维埃的实践，在农业上实行共耕制和消费公社。共耕制不仅土地公有，而且农具公有，牲畜公有，实行共同耕作，集中经营，统一按需分配。消费公社主要是在流通、分配领域实行，这是社会主义全民分配的合作组织，每个公民都必须加入当地的消费公社。由于共耕制和消费公社建立在消灭商品经济的基础之上，否定农民的个人利益，在实践中并未产生预期的效果，而是出现了生产萎缩、粮食奇缺、农民暴动、工农联盟危机的后果。列宁也承认，实行共耕制是"做了许多蠢事"。这种错误是忽视了马克思、恩格斯提出的引导农民走合作制道路要通过经济道路，而采取了强制手段。

第三节　新经济政策时期合作社理论

1921年苏共第十次代表大会决定废除"余粮收集制"，改行"粮食税"，这是"新经济政策"的开端，也是列宁合作制思想的转折点。经过"战时共产主义"的挫折，加上"新经济政策"的实践经验，列宁的合作制思想更明确、更完善了。根据十月革命后四年的实践经验，以及"消费公社"和"共耕制"的失败教训，列宁科学地指出，要"通过国家资本主义走向共产主义，否则，你们就不能把千百万人引向共产主义"，列宁强调说，这些经验总结"是现实生活这样告诉我们，革命发展的客观进程这样告诉我们"的。列宁新经济政策时期提出的国家资本主义合作制思想，是对马克思合作经济思想的重大贡献，是罗虚代尔原则发展阶段性的伟大创造。集中反映在1923年他病中口授的《论合作制》。《论合作制》一文通过对无产阶级专政条件下合作社地位的分析，就经济文化相对落后国家建设社会主义的途径和方法问题进行了全新的探索；总结了新经济政策代替战时共产主义政策的新的历史经验；提出把小农逐步引向社会主义的合作社计划；指出在新经济政策下已经发现了把小商品生产者的私人利益同社会利益结合起来，使私人利益服从社会主义建设的公共利益的合适程度，从而克服了过去许多社会主义者没有克服的障碍。文章肯定了合作社在这方面的重大意义，指明从流通领域入手把农民组织起来的合作社道路，揭示并论证了在无产阶级政权和生产资料公有制的条件下，"合作社的发展就等于社会主义发展"。同时指出："我们不得不承认我们对社会主义的整个看法根本改变了。"论文在阐明实现合作化的重要原则时，特别强调要提高农民的文化水平，指出没有整个的文化革命，要实现合作化是不可能的，社会主义不仅仅要求具有新的经济制度和政治制度，而且要求具有高度发达的文化和科学。论文反映了列宁晚年对落后国家社会主义建设道路的新的思考。

一、时代背景

列宁毫不掩饰地承认十月革命以来的政策（包括对合作社的那些不切实际的做法）是犯了错误。他说："我们原来打算（或许更确切些说，我们是没有充分根据的假定）直接用无产阶级国家的法令，在一个小农国家里按共产主义原则来调整国家的生产和产品分配。现实生活说明我们犯了错误。"而后，列宁在新经济政策初期也曾经设想过发展国家资本主义过渡到社会主义，把合作制与租赁制并列，把合作制说成是国家资本主义的形式，他说的租赁制试用于大工业，合作制试用于成千上万的小业主。把合作社看作是国家资本主义组织，指望用它把农民联合起来，以战胜小生产的散漫和自发性。列宁指出："小商品生产者合作社必然会产生出小资产阶级的、资本主义的关系……在俄国目前情况下，合作社有自由、有权利，就等于资本主义有自由，有权利，而无视这一明显的真理，便是干蠢事或犯罪。"但关于国家资本主义的设想并没有成为事实。情况变化，列宁的思想也在变化。

列宁总结了战时共产主义的经验教训，果断地以粮食税代替余粮征集制，开始实行新经济政策。1921年3月，苏维埃俄国开始由战时共产主义过渡到新经济政策时期。在实行粮食税、恢复商品流转的同时，苏维埃政权改变了对合作社的政策，恢复其商业的特性。列宁在《论粮食税》一书中把合作社称作是国家资本主义的一种形式，认为"合作社这一商业形式比私人商业更有益"，它"便于把千百万居民，而后把全体居民，联合起来，组织起来"，"合作制政策施行成功，就会使我们把小经济发展起来，并使小经济易于在相当期间内，在自愿结合的基础上过渡到大生产"。由于贯彻新经济政策所引起的资本主义自发势力的活跃，俄共（布）党内某些人怀疑俄国是否能建成社会主义。同时，党内许多人由于受传统观念的束缚，对合作社的性质认识不清。

二、《论合作制》形成

1922年列宁开始重新考察合作社的作用，9月他曾向中央消费合作总社理事会主席欣丘克索取有关合作社的文稿和资料，他在1922年12月底拟定的打算写作的文章题目中，第一篇就是《关于中央消费合作总社以及从新经济政策观点来看它的意义》。1923年1月列宁索取并阅读了一批有关合作社的著作，如恰亚诺夫的《农民合作社的基本思想和组织形式》等，

1月4日和1月6日，列宁在病中口授了《论合作制》这篇具有重要意义的文章。《论合作制》是一篇短文，共分为两个部分，其中1月4日所写的内容是第一部分，1月6日所写的内容是第二部分。1923年5月26日和27日发表在《真理报》第115号和第116号上，署名H.列宁。该文被编入中文版《列宁全集》第43卷，《列宁选集》第4卷。至此，列宁的合作制思想形成了比较成熟、完整的体系。全文系统地、完整地、明确地阐明了通过合作制过渡到社会主义的意义、性质、物质基础、发展规律和实施方法。后来，斯大林把这一战略思想命题为"列宁的合作社计划"。列宁制定的通过合作社吸引农民参加社会主义建设和把广大农民联合起来成为社会主义集体经济的战略设想。列宁的合作社思想发展了马克思、恩格斯的合作制理论，对实现农业社会主义改造有重要的指导意义。由于是口授的，只能提纲挈领地说明对一些最重要问题的看法，有些论点未能展开。

三、关于合作社的伟大意义

列宁认为，欧文的空想社会主义没有考虑阶级斗争和无产阶级夺取政权，是"和平改造现代社会"。既然我们掌握了政权"重心改变了"，合作社就具有非常重大的意义。十月革命以后的情况表明："国家支配着一切大的生产资料，无产阶级掌握着国家政权，这种无产阶级和千百万小农以及极小农结成了联盟，这种无产阶级对农民的领导得到了保证，如此等等。难道这不是我们所需要的一切，难道这不是我们通过合作社，而且仅仅通过合作社，通过曾被我们鄙视为做买卖的合作社的。现时在新经济政策下我们从某一方面也有理由加以鄙视的那种合作社来建成完全的社会主义社会所必需的一切吗？这还不是建成社会主义社会，但这已是建成社会主义社会所必需而且足够的一切。"列宁明确而反复地宣布："由于找到了合作社这种改造小农的新形式，就有了建成完全的社会主义必需而且足够的一切；有了完全合作化的条件，也就在社会主义的基地上站稳了。"

列宁对合作社持怀疑态度的错误思想进行了批评。他说："使俄国居民参加合作社，现在对我们有多么巨大的、不可限量的意义，在实行新经济政策时期，我们向做买卖的农民让了步，即向私人买卖的原则让了步，正是从这一点（这与人们的想法恰恰相反）产生了合作制的巨大意义。实际上，在新经济政策时期，使俄国居民充分广泛而深入地合作化，这就是我们所需要的一切，因为现在我们已经找到了私人利益、私人买卖的利益与国家对这种利益的检查监督相结合的尺度，找到了使私人利益服从共同利益的尺度，而这是过去许许多多社会主义解决不了的难题……我们转入新经济政策时期做得过火的地方，并不在于我们过分重视自由工商业的原则，而在于我们完全忘记了合作制，在于我们现在对合作制仍然估计不足。"

四、关于合作社的性质

列宁论述了不同社会条件下合作社的性质，他认为，合作社在不同社会制度下有不同的性质和作用。由于国家政权性质发生了根本的变化，资本主义社会制度下的合作社的性质也便相应地发生了根本的变化。在资本主义国家条件下，合作社是集体的资本主义组织，是资本主义企业。在国家资本主义条件下，合作社与国家资本主义企业不同，合作社首先是私人企业，其次是集体企业，是可以利用的对农民和小生产者进行改造的生产组织形式。在社会主义条件下，合作社与私人资本主义企业不同，合作社是集体企业，但与社会主义企业没有区别，因为它占用的土地和使用的生产资料是属于国家即属于工人阶级的，由于无产阶级掌握了国家权力，国家支配着一切大生产资料，那么，在这样的条件下合作制往往是同社会主义完全一致的。这就是说，合作社的性质是由占主体地位的生产资料所有制所决定的。正是由于这一点，列宁改变了过去把合作社看作是国家资本主义性质的观点，认为它是社会主义性质的。他反复强调，在政权掌握在工人阶级手里和生产资料公有制的条件下，文明的合作社工作者的制度就是社会主义制度，单是合作社的发展就是对于社会主义的发展。列宁肯定合作社的社会主义性质，不仅丰富了社会主义生产资料公有制的实现形式，更重要的是解放了工农群众的思想，促使苏俄大力发展合作社经济，将这种俄罗斯传统经济形式的两大天然优势——加强群众联合和发展商品经济极大地发挥出来。正是基于对合作社的重新认识和发现，列宁还指出："我们改行新经济政策时做得过头的地方，并不在于我们过分重视自由工商业的原则；我们改行新经济政策时做得过头的地方，在于我们忘记了合作社，在于我们现在对合作社仍然估计不足，在于我们已经开始忘记合作社在上述两方面的巨大意义。"

苏联合作社的发展历程也佐证了列宁关于合作社性质的论述。合作社是早在十月革命前就在俄国城乡出现的联合小商品生产者的集体经济组织，其形式包括消费合作社、信贷合作社、产品采购和加工与销售合作社及生产合作社等。所谓生产合作社，也不是简单的共耕和集中劳动，它不否定小商品生产者的独立性。十月革命后，苏维埃政权改造和利用这种合作社，使其协助进行农产品和工业原料的采购、加工，帮助国家实行粮食贸易垄断，并通过它对部分生活资料进行分配。战时共产主义时期，它成了一种分配产品和收集余粮的国家机关。新经济政策后，在恢复和扩大商品货币关系的情况下，又恢复了合作社商业组织的性质，恢复了它的群众性和经营形式的多样性，并把消费合作社和生产合作社分开。生产合作社又分为各类专业合作社，如亚麻生产合作社、棉花合作社、烟草合作社，等等。例如亚麻生产合作社，它供给社员种子和农具，农民各自根据合同要求去生产，然后合作社去收购农民的产品，集中到市场上出售或卖给国家，保证农民也获得利润，从而通过合作社把农民经济和国家的大工业联系了起来。农民根据自己的需要可以同时加入几个合作社，但仍然是以一家一户的家庭生产为基础的，不是简单的共耕，不是集中劳动，不是完全统一经营和统一分配，而是在生产的不同环节、以不同的形式和联系组织起来，它仍然保持着参加者大的独立性和自主性，是建立在农民自主经营的基础上的。

列宁把社会主义制度下的合作社经济看成社会主义社会的经济成分，这具有积极的意义，但是，把合作企业完全等同于集体企业，与社会主义企业没有区别，却导致了认识和实践的混乱。

五、提出了合作社建设原则

第一，对合作社给予政策支持。列宁认为："任何社会制度，只有在一定阶级的财政支持下才会产生，更不用说自由资本主义的诞生曾花了许多万卢布。目前我们应该特别加以支持的社会制度就是合作制度。"为了促进合作社的健康发展，国家对合作社的发展要给予资助。列宁还指出："在政策上要这样对待合作社，就是使他不仅能一般地、经常地享受一定优待，而且使这种优待成为纯粹资财上的优待（如银行利息的高低等等），贷给合作社的国家资金，应该比贷给私人企业的多些（即使稍微多一点也好），甚至和拨给重工业等等的一样。"

第二，坚持自愿的原则。列宁说："谁要想用枪炮办法使农民参加合作社，过渡到大生产，那就是发疯，那就是再愚蠢不过了。"要奖励参加合作社流转的农民，这种方式无疑是正确的。但同时应当检查农民参加的情形，检查他们参加的自觉性和诚意——这是问题的关键所在。列宁认为，让居民参加合作社和合作社的买卖，不是消极而是积极地参加，要让他们了解参加合作社的好处，并把参加合作社的工作做好。通过说服教育和典型示范，逐步吸引广大农民走向合作化。首先，在政策及具体措施上应使农民感到简便易行和容易接受，从而使农民过渡到新制度；其次，在合作制的形式上，合作制具有多样化的形式，而不是只有一种农业生产合作社的形式。首先在农产品销售方面，组织供销合作社和消费合作社，然后在农产品的生产方面，组织多种形式的集体经济组织；再次，通过典型示范的方法，依据实例逐步推进合作化进程；最后，要考虑到农民参加合作社的自觉性及合作社的质量，要找出对合作化的奖励方式和奖励条件，要努力使真正的居民群众参加合作社的流转，并要经常检查农民参加的情况。

第三，重视农民文化教育工作。列宁特别强调文化革命在建立和巩固农村中的合作社制度方面的巨大意义。要过渡到社会主义，完全实现合作化，需要有全体人民群众在文化上提高一个新阶段，要让农民经历整整一个提高文化水平的时代。在最好的情况下，这个时代也要一二十年。列宁将这一工作上升到"两个划时代的主要任务"之一的高度，因为文化工作不仅关系到合作化能否完成，更事关在俄国这样一个经济文化落后的国家里能否建成社会主义，事关"在一个文化不够发达的国家里推行社会主义是否是冒失行为"。列宁指出，文明经商需要一整个时代，在生产资料公有制的条件下，文明的合作社工作者的制度就是社会主义制度。在农民中进行文化工作，就其目标就是合作化。有了完全合作化的条件，我们也就在社会主义基地上站稳了。包含人数众多的农民在内的文化水平问题就是必要的条件。没有整个的文化革命，要完全合作化是不可能的。就参加合作社的全体居民而言，最基本的要做到人人识字，能读书看报。"要善于把我们已经充分表现出来而且取得完全成功的革命气势、革命热情同做一个有见识的和能写会算的商人的本领（有了这种本领就足以成为一个优秀的合作社工作者）结合起来。"列宁认为，文化革命对整个社会主义建设来说都是极其重要的。在无产阶级革命胜利以后，"只要实现了这个文化革命，我们的国家就能成为完全社会主义的国家了"。因此，社会主义不仅要求具有好的经济制度和政治制度，而且要求具有高度发达的文化和科学。

第四，强调合作社的速度与质量。实现合作化不能急于求成，需要用整整一个时代。列宁说，"为了通过新经济政策使全体居民个个参加合作社，还须经过整整一个历史时代，在最好的情况下，我们度过这个时代也要一二十年"。因为农民群众认识合作化的好处、完善合作社的组织职能，学习文化和文明商人的本领，实行全盘改革，都不是一蹴而就的事，要经过一系列逐步过渡的"阶梯"，"经历整个发展阶段"。

六、优先发展流通领域中的合作社

列宁在《论粮食税》中指出，合作社也是国家资本主义的一种形式。在苏维埃政权下，它与资本主义不同，它比私人商业对我们更有利、更有好处，即通过它可以把资本主义的自由出卖、自由贸易这种发展引上合作制资本主义的轨道。1922年3月，苏共第十一次代表大会决议：号召共产党员要积极参加合作社，学习文明经商。1922年8月苏共第十二次代表大会的决议，进一步肯定合作社是商品交换的最好的、值得全力支持的形式。随着新经济政策的推行，消费合作社有了一定的发展。

七、重视商业形式的合作社

实行新经济政策后，列宁在《论粮食税》中说："粮食税法令立刻引起了对合作社条例的修改。"除了重视商业形式的合作社要适当扩大它的"自由"与权利外，并开始从生产上重视合作制"是由小生产向大生产过渡"的中间环节。他说："合作制政策施行成功，就会使我们把小经济发展起来，并使小经济易于在相当期间内，在自愿结合的基础上过渡到大生产。""能把旧的关系，社会主义以前的，甚至资本主义以前的，即最顽强地反抗一切'革新'的那些关系的更为深固的根拔掉。"列宁进一步历数那些"一望无际的空旷地带"和"俄国所有其余那些穷乡僻壤"的落后、野蛮、宗法制度后，指出由这种在俄国占优势的情况向社会主义过渡，"在最近几年，必须善于考虑那些便于由宗法制度、由小生产过渡到社会主义的中间环节"。1921年8月苏维埃政府颁发布告，提倡组织农业合作社。1922年8月苏共第十二次代表大会作了《关于党在合作社中的任务》的决议，提出：要通过充分广泛地开展合作信用事业的办法，使商业职能为主的合作社过渡到生产职能为主的合作社。但生产职能为主的农业合作社与当时农村并存的苏维埃农庄、共耕社、农业劳动组合以及农业公社等农业集体经济形式的关系如何呢？决议只是说："为保证农村无产阶级分子对农业合作社的影响，必须于最近期间内使集体农庄式联合与一般农业合作社达到完全的组织上的结合。"但这种结合后来一直未能实现。

第四节　列宁合作社理论的意义

一、为苏联社会主义农业建设指明了道路

列宁在《论合作制》中关于合作化的思想和认识，是在坚持新经济政策的基础上，对新经济政策的进一步发展和完善，是列宁新经济政策思想的"最成熟之果"。列宁在肯定商业和市场是苏俄加强工农经济联系、推进工农联盟的同时，认为在社会主义政权下，合作社实现了私人利益和国家利益的结合。他发现了合作社在无产阶级专政下的社会主义性质，论证了合作社是农民、小生产者过渡到社会主义的最好形式，明晰了合作制的物质基础和发展规律，及其多样性形式和推行的方式，拟定了吸引农民参加社会主义建设的合作社计划。列宁对合作

社这一俄罗斯传统商业形式的重视，既继承了其能推进商品经济的精华，又以社会主义政权保障了其社会主义经济的性质，从而使之成为建设社会主义的得力帮手。列宁对合作社经济的重新认识和评价，探索出一条以合作社来引领苏俄农民走向社会主义的路径。

二、促进了苏联合作社的快速发展

在列宁的合作制计划的指导下，苏维埃俄国各类合作社得到了健康的发展。参加农业合作社的人数增长迅速，到1925年底，各种合作社达5.48万个，参加的农户有858.9万户，占农户总数的28%。到1928年，合作社数量增加到9.3万多个，入社人数已经增长到1130万人，参加农户占总农户的40%左右。供销和信贷等形式合作社的迅速发展，使单家独户的农户个体经济在很大程度上摆脱了生产过程中间环节的欺压，有效地促进了农业生产的发展。此外，消费合作社的兴起联系起国营经济和小农经济，成为城乡的主要商品供应者。1926年至1927年，苏联全国72%的纺织品、73%的食糖、60%的食盐、50%的煤油是由消费合作社提供的。此外，消费合作社还组织了大量生产面粉、糖果点心、面包、肥皂、啤酒等商品的中小企业。在农业集体化以后，消费合作社逐渐转向为农村居民和集体农庄的需求服务，在收购农副产品和供应食品、工业品等方面发挥着重要作用。至1929年有60％的农民参加了合作社，促进了工农业生产的迅速提高。合作社的发展，促进了农业生产，获得了连续三年的农业丰收（1925—1927），农业产值超过第一次世界大战前水平（等于战前的108.3％），谷物业的总产也基本上达到战前的水平。1937年，在苏共（布）中央领导下完成了农业集体化。斯大林宣布，苏联胜利地实现了列宁的合作社计划。

三、把列宁的理论与斯大林的集体农庄区别开

长期以来有一种说法，认为列宁讲的合作社就是斯大林时期搞的集体农庄。事实上列宁在文中只谈到流通领域的合作社，而未提及生产领域的合作社，更未提及集体农庄。列宁所说的合作社贯彻的是自由工商业原则，是商品市场关系，是用私人买卖利益去吸收农民自愿参加的。而斯大林时期搞的集体农庄恰恰取消了商品市场关系，扼制了农民的私人利益，因而只能用强制的办法迫使农民参加。将列宁讲的合作社等同于斯大林时期的集体农庄，无疑是将两种所有制形式不同的经济组织混为一谈了。

第六章　合作社在中国

自1918年中国第一个合作社——北京大学消费公社诞生到1949年中华人民共和国成立，合作社已经在中国存在30余年，此间，在抗日根据地和国民党统治区也大量存在着各种类型的合作社。新中国成立后，在马克思主义理论的指导下，中国进行了社会主义合作社建设。主要经历了社会主义过渡时期合作社建设、社会主义建设时期合作社建设和改革开放后合作社建设三个阶段。本章节主要介绍新中国成立后不同历史时期合作社的建设、发展情况。

第一节　农业合作化运动

农业合作化运动作为农业社会主义改造的重要实现形式，是在中国共产党领导下，通过合作化道路，把小农经济逐步改造成为社会主义集体经济，是中国共产党在过渡时期总路线的一个重要组成部分。在完成土地改革以后，遵循自愿互利、典型示范和国家帮助的原则，采取三个互相衔接的步骤和形式，从组织带有社会主义萌芽性质的临时互助组和常年互助组，发展到以土地入股、统一经营为特点的半社会主义性质的初级农业生产合作社，再进一步建立土地和主要生产资料归集体所有的完全社会主义性质的高级农业生产合作社。农业合作化运动分为三个阶段。

第一阶段（1949年10月至1953年）：主要发展互助组，同时试办初级形式的农业合作社。互助组由几户或几十户农民自愿组成，土地、农具、耕畜和其他生产资料仍属于农民个人所有，但在生产方面组织起来，互助组实行劳力互助，畜力、劳力交换，是农业合作化的最初过渡形式，具有社会主义萌芽性质。

第二阶段（1954年至1955年上半年）：主要建立初级农业生产合作社。初级社以土地入股和经营为特点，入社农户作价入股的土地、耕畜和大中农机具等生产资料仍是私有，但归合作社统一经管，并按规定比例参与分红；社员参加社内劳动，统一管理，分工协作，劳动报酬根据按劳分配原则，采取劳动工分的形式，耕畜和大农具也付给一定的报酬，具有半社会主义性质。

第三阶段（1955年下半年至1956年底）：发展高级合作社。从1955年下半年起，农业合作化运动的步伐加快，我国进入农业合作化的高潮，将初级社转为高级社，有些由互助组直接转为高级社。高级社实行生产资料农民集体所有，具有完全的社会主义性质。

一、互助组

互助组，是指中国劳动农民在个体经济基础上组成的带有社会主义因素的集体劳动组织。包括农业生产互助组、农业劳动互助组织等。农业生产互助组是我国劳动农民在个体经济的基础上，为了解决农业生产中的资金、技术、基础设施匮乏的困难，按照自愿互利原则组织起来的劳动互助组织。它一般由几户甚或十几户组成。实行共同劳动、分散经营。土地、耕畜、农具等生产资料和收获的农产品仍归私人所有。但由于换工互助在一定程度上提高了劳动生产率，产量一般高于个体农户。（1）临时互助组。由几户农民在农忙季节组织起来，进行换工互助，农忙过后，即行解散。（2）常年互助组。是农业生产互助组的高级形式，其规模比临时互助组大一些，一般七八户或十几户，组员之间除全年在主要农事活动上进行换工互助外，还在副业和小型水利方面进行互助合作，组内有简单的生产计划和初步的分工分业，有的还有少量的公共财产，比临时互助组有更多的社会主义因素。由于互助组是在共产党领导下的互助组织，它带有半社会主义的萌芽。在农业合作化运动中，互助组进一步发展成为初级农业生产合作社。农业劳动互助组织在中国有较长的历史，本来是农民解决生产中的困难的一种形式。在民主革命时期，中国共产党领导的革命根据地，已经开始建立和发展各种形式的劳动互助组织。中华人民共和国建立后，由于中国共产党和人民政府的积极领导和支持，农业劳动互助组织有了更快的发展。1950年有272万个互助组，到1954年最高达到993万个。互助组的进一步发展就是农业生产合作社。到1957年，互助组全部转入农业生产合作社。

1949年9月29日，中国人民政治协商会议通过的《中国人民政治协商会议共同纲领》第34条提出，土地改革完成以后，人民政府"应组织农民及一切从事农业的劳动力以发展农业生产及其副业为中心任务，并应引导农民逐步地按照自愿和互利的原则，组织各种形式的劳动互助和生产合作"。根据毛泽东的提议，1951年9月，中共中央召开了全国第一次互助合作会议，制定了《关于农业生产互助合作的决议（草案）》，明确提出发展农业生产互助合作的基本方针、政策和指导原则，并以草案的形式发给各地党委试行。此后，各地党委加强了领导，使农业互助合作运动取得了较大的发展，从此以互助组为形式的农业生产互助合作运动很快在全国范围内开展起来。1951年12月15日，中共中央公布了《关于农业生产互助合作的决议》，强调建立互助组的两个基本原则是"自愿"、"互利"，并对可能出现的两种错误倾向提出了警告：其一是运动初期可能出现的"强迫命令"，无视农民的意愿和私有产权；其二为放任自流，比较容易出现在运动后期，因为到时中农已经开始主导农业生产，并导致富农经济的成长。不久，一场全国范围的创办互助组的运动于1952年正式启动。政务院在1951年和1952年连续颁布了《关于农林生产的决定》和《关于农业生产的决定》，强调"自愿结合、等价交换和民主管理是组织起来的原则"，"在全国范围内，应普遍大量发展简单的、季节性的劳动互助组；在互助运动有基础的地区，应推广常年定型的、农副业结合的互助组；在群众互助经验丰富而又有较强骨干的地区，应当有领导、有重点地发展土地入股的农业生产合作社，把农业互助合作组织作为党和政府领导农业生产主要的组织形式"。当时，中共计划在两年内让"老解放区"80%至90%的农户加入互助组，"新解放区"则在三年内实现这一目标。到1952年底，全国农业互助合作组织发展到830余万个，参加的农户达到全国总农户的40%，其中，各地还个别试办了农业生产合作社（初级社）3600余个。1953年2月，中共中央成立农村工作部，同时把《关于农业生产互助合作的决议》作了修改，作为正式决议下发，要求在大量发展临时、常年互助组的基础上，应有领导、有重点地发展土地入股的农业生产合作社。1953年春，农业生产合作社由个别试办发展到在全国农村普遍试办的阶段。1952年冬至1953年春，在发展农业互助合作运动中出现了急躁冒进倾向。为纠正这种倾向，中共中央于1953年3月8日发出了《关于缩减农业增产和互助合作五年计划的指示》，又于3月26日发表了《关于春耕生产给各级党委的指示》，并公布了《中共中央关于农业生产互助合作的决议》。4月3日，中共中央农村工作部召开第一次全国农村工作会议，阐述了"稳步前进"的方针。同时，中共中央将《关于农业生产互助合作的决议》《关于春耕生产给各级党委的指示》、人民日报社论《领导农业生产的关键所在》3个文件汇编成《当前农村工作指南》一书，专门发出通知，要求各级党委组织一切从事农村工作的人员进行认真学习，提高思想，保证农村工作的顺利进行。针对当时粮食和副食品供应紧张以及农业合作社表现出的增产成绩，1953年10月，毛泽东指出小农经济与社会主义工业化不相适应，提出各级党的一把手要亲自动手抓农业社会主义改造这件大事，区县干部的工作重点要逐步转到农业合作化方面来。为指导和组织农业合作化工作，1953年11月，中共中央决定在中央、中央局、分局和省委一律建立农村工作部，其任务是把四万万农民组织起来，在工业化帮助下，逐步走向集体化。1953年10月15日、11月4日毛泽东两次同中共中央农村工作部负责人谈话，提出互助合作运动是农村中一切工作的纲，是农村工作的主题，说"纠正急躁冒进"是一股风，吹倒了一些不应吹倒的农业生产合作社。两次谈话，有许多正确的意见，但也表现出在农业合作化问题上急于求成、贪多图大的思想。1953年12月6日，《中共中央关于发展农业生产合作社的决议》公布执行，高度评价了以土地入股、统一经营为特点的农业生产合作社的优越性。决议要求到1954年秋，合作社应由1953年的1.4万个发展到3.58万个，即翻一番半。此后，农业合作社从试办进入发展时期。

二、初级农业生产合作社

初级农业生产合作社亦称土地合作社，简称初级社。是在互助组的基础上，以个体农民自愿组织起来的半社会主义性质的集体经济组织。按照生产资料公有化程度划分，农业社有半社会主义性质的初级农业生产合作社和完全社会主义性质的高级农业生产合作社两种。初级农业生产合作社的特点是：土地作价入股归合作社集体所有，耕畜、农具作价入社，但仍然归农户自己所有，并按使用情况参与合作社的利益分配，由合作社实行统一经营；以社为单位进行生产核算和承担生产经营风险；社员参加集体劳动，劳动产品在扣除农业税、生产费、公积金、公益金和管理费用之后，按照社员的劳动数量和质量及入社的土地等生产资料的多少进行分配，作为社员的劳动报酬和土地等生产资料的报酬。社员劳动报酬一般高于土地报酬。劳动报酬根据按劳分配原则，采取劳动工分的形式，土地分红部分主要采取定产分益，部分按地四劳六的比例分配，副业收益全部按劳分配。社员除参加社内劳动外，还可以耕种自留地和经营其他家庭副业，社员家庭副业的生产工具、零星树木、家畜、家禽以及生活资料等归社员所有。初级社实行民主管理，最高管理机关是社员大会。社员大会选出管理委员会管理社务，选出监察委员会监察社务。初级社同农业生产互助组相比，有很大不同。虽然土地和其他主要生产资料仍是私有的，但由于实行统一经营，并且积累了公共财产，因此具有相当多的社会主义因素，具有了半社会主义性质。它是合作农业经济的一种形式，是中国农民走上社会主义道路的决定性步骤。初级社的进一步发展是高级农业生产合作社。

中央于1953年12月通过了《关于发展农业生产合作社的决议》，并于1954年1月向全国公布。这一决议的公布，标志着全国农业互助合作运动进入了以全面发展农业生产合作社为中心的阶段。该决议第一次完整地提出了我国农业社会主义逐步改造的具体道路，即个体农民经过具有社会主义萌芽的互助组，至半社会主义性质的初级化，再到完全社会主义性质的高级化。该决议公布后，全国农村出现了互助社大量转为农业合作社的热潮，参加合作社已开始成为一种群众性的行动。1954年春，农业生产合作社发展到9.5万个，参加农户达170万户，大大超过了中央提出的数字。1954年4月中央农村工作部召开第二次农村工作会议。会议分析了互助合作运动的形势，指出农村将相继出现一个社会主义革命高涨的局面。为了吸引更多的农民入社，国家从各方面大力支援农业生产合作社。在中央的倡导下，农民加入合作社的积极性高涨，到1954年秋收前，又新建立12万个合作社，结果农业合作社的数量比1953年增加了15倍，大大突破了原定计划。1954年10月，中央农村工作部召开了全国第四次互助合作会议，决定到1955年春耕以前，将农业生产合作社发展到60万个。中共中央批准了中央农村工作部关于这次会议的报告。到1955年4月，合作社发展到67万个。由于发展速度过猛，不少地方又出现了强迫命令、违反自愿互利原则的现象。中共中央在1955年初发现了上述问题，发出了一系列通知，并采取措施纠正偏差。1955年1月10日，中央发出《关于整顿和巩固农业合作社的通知》，要求各地停止发展农业合作社，集中力量进行巩固，在少数地区进行收缩。3月上旬，毛泽东提出了"停、缩、发"的三字方针，即根据不同地区的情况，停止发展、实行收缩和适当发展。为了贯彻这三字方针，农村工作部于4月下旬召开了全国第三次农村工作会议，总结经验，布置工作，提出要求。到1955年7月，全国原有67万个合作社，经过整顿，巩固下来的有65万个。1955年5月17日，中共中央召开华东区、中南区和河北、天津、北京等15个省市委书记会议。根据毛泽东原来的提议，会议提出1956年发展到100万个社的意见。6月中旬，中央召开政治局会议，批准了关于到1956年合作社发展到100万个的计划。1955年7月31日，中共中央召开省、市、自治区党委书记会议。毛泽东在会议上作了《关于农业合作化问题》的报告，对党的农业合作化的理论和政策作了系统阐述，并对合作化的速度提出新的要求。这一报告推动全国农业合作化进入高潮。到1955年底，全国农业生产合作社达到190多万个，入社农户占总农户60%左右。

（一）入股土地折股办法

（1）按照土地在平常年景可能达到的产量（根据土地实际产量和土地好坏、耕作难易、位置远近等条件评定）折合成标准亩数计股；（2）按照当年的实际产量折合为标准亩数计股；（3）按照查田定产的税收负担亩数计股；（4）按照土地自然亩数计股。入社土地中，已投入农业生产的，均可取得报酬；附属于土地的私有生产设施（如水利设施）亦可通过土地报酬形式得到补偿（或单独补偿）；交合作社开垦的社员私有荒地，两三年后可取得土地报酬。土地报酬的数量一般由合作社议定固定的数量，原则上不超过农业劳动的报酬。在土地产量不稳定，难于议定土地报酬的固定数量时，则采取分成报酬的办法或其他办法。社员的其他生产资料，如役畜（耕种用的马、牛、骡、驴等）、大型农具（犁、新式犁、马拉农具、水车、风车、抽水机等）、农业运输工具（车、船等）、成片林木、成群的牧畜等，一般都交由合作社统一使用或经营。

（二）入社的耕畜采用的三种办法

（1）私有、私养、公用，即社员私有，私养，由合作社租用；（2）私有、公养、公用，即社员私有，由合作社统一喂养、统一使用，给畜主以适当的报酬；（3）共有、公养、公用，即由合作社作价收买，转为公共所有。对社员私有的大型农具和运输工具，由合作社租用或折价归社。对社员成片林木，如果园、茶园、桑园、桐山、竹林等，交合作社统一经营，但仍保留私人所有权，由合作社付给合理报酬。对社员大型非农业工具和设备，合作社根据农业生产需要而租用的，付给所有者合理报酬。

（三）分配方式

合作社每年的收入实行统一分配，扣除当年生产费用外，还要提取一定比例的公积金和公益金。社员消费部分主要实行按劳分配，并对社员入股的土地和尚未公有化的其他生产资料付给报酬。分配次序为：（1）交纳农业税；（2）扣除生产费；（3）提取公积金、公益金；（4）支付社员土地、林木、牧畜报酬和租种土地的租金；（5）扣除前四项支出后的剩余部分，按劳动日分配给社员。

（四）管理机制

初级农业生产合作社的最高管理机关是社员大会。《农业生产合作社示范章程草案》规定：社员大会行使以下职权：（1）通过和修改合作社章程；（2）选举和罢免合作社主任、管理委员会委员、监察委员会主任和委员；（3）决定土地和其他生产资料入社的报酬、股份基金的征集、全年收入的分配；（4）决定生产计划、预算、各种工作定额和各种工作定额所应得的劳动日、对外签订的重要合同等；（5）审查和批准管理委员会和监察委员会的工作报告；（6）通过新社员入社；（7）决定对社员的重大奖励和处分，决定开除社员；（8）决定合作社的其他重大事务。社员大会选出的管理委员会管理社务，并选出社主任负责日常工作。

三、高级农业生产合作社

高级农业生产合作社，是劳动农民在共产党和人民政府的领导和帮助下，在自愿和互利的基础上组织起来的社会主义的集体经济组织。高级农业生产合作社内部建立适应生产需要的劳动组织，其基本单位是生产队。高级农业生产合作社通常是把劳动力、土地、耕畜、农具固定给生产队使用；有的还对生产队实行包工、包产和超产奖励的责任制度，还把包投资作为生产责任制的重要内容之一，形成了高级农业生产合作社时期实行的包工、包产、包成本和超产奖励制度，再加上劳动力、土地、耕畜、农具固定给生产队使用的制度，统称为"三包一奖四固定"制度。

高级农业生产合作社对农民私有化的土地无偿转为集体所有。社员土地上附属的塘、井等水利设施，亦随土地转为集体所有。如果这些水利设施是新修的，本主还没有得到利益，由高级农业生产合作社适当偿付本主所费工本。为了满足社员日常生活需要，高级农业生产合作社抽出一部分土地（称"自留地"）分给社员个人种植蔬菜，其数量根据合作社土地资源多少，按家庭人口规定，一般不能超过当地每人平均土地数的5%。入社的大牲畜、大农具和非农业工具有偿转归集体所有。其办法是按当时当地正常价格定价，分期偿还。社员私有的成群牲畜，一般也按当地当时的正常价格作价转为集体所有。

高级社实行民主管理，最高领导机关是社员大会或社员代表大会。由社员大会或社员代表大会选出管理委员会管理社务，选出监察委员会监察社务，并选出主任、副主任负责日常工作。由于高级社实现了土地等主要生产资料的公有制和按劳分配，因此是完全社会主义性质的合作经济组织。同初级社相比，高级社能够较大规模地进行农业基本建设和采用新式农机具，为改变农业生产条件，实现农业技术改造创造了有利条件；能够在国家计划指导下，因地制宜地发展农、林、牧、渔和工副业生产，以满足社员、集体和国家的需要。

高级农业生产合作社实行按劳分配。它的总收入的分配办法是：首先扣除下一生产周期所需要的生产费用和管理费用，其余部分在国家、集体、个人三者之间分配。交给国家的是税金，集体留用的是公积金、公益金，其余部分按工分分配给个人，作为社员个人的消费基金。高级农业生产合作社的公积金属扩大再生产的积累基金，用于兴修水利，改良土壤，购置农业机械，修建生产性用房等。公益金属集体消费基金，用于合作社卫生保健事业，文化教育事业以及扶助丧失劳动能力的社员等。《高级农业生产合作社示范章程》规定："农业生产合作社对于缺乏劳动力或者完全丧失劳动力，生活没有依靠的老、弱、寡、残疾的社员，在生产上和生活上给予适当的安排和照顾，保证他们吃、穿、柴火的供应，保证年幼的受到教育和老者死后安葬，使他们生养死葬都有依靠。"

第一个五年计划于1955年7月30日由国务院提请全国人大一届二次会议审议通过。要求第一个五年计划要发展部分集体所有制的农业生产合作社，完成农业和手工业社会主义改造。在初级农业生产合作社快速发展的同时，以取消土地等主要生产资料集体所有为主要特征的高级农业生产合作社开始在各地试办。到1954年，全国已有13个省、市、自治区试办了201个高级社。1955年10月4日至11日，毛泽东主持召开中共七届六中全会，通过了《关于农业合作化问题的决议》，要求"各省、市和各自治区党委在制订合作化规划时，应该注意在有条件的地方，有重点地试办高级的（即完全社会主义性质的）农业生产合作社"。同时，要求到1958年春在全国大多数地方基本上普及初级农业生产合作，实现半社会主义合作化。从此，高级社开始由试办进入发展阶段，各地迅速发展高级社。仅3个月左右的时间就在全国基本实现了农业合作化。1956年6月，第一届全国人民代表大会第三次会议通过了《高级农业生产合作社示范章程》。到1956年底，全国有农业合作社76.4万多个，入社农户占全国农户总数的96.3%，全国高级社由1950年的1个，1953年的15个，1954年的200个，到1956年发展到54万个，参加高级社的农户占全国总农户的88%，高级形式的农业合作化已基本实现，比计划1958年完成高级形式的农业合作化的时间要求提前了两年。1957年9月，中共中央连续发出了《关于整顿农业生产合作社的指示》等文件，指导调整农业生产合作社内部合作关系，改善高级社的经营管理。高级形式的农业合作化的实现标志着农业社会主义改造的完成，实现了由农民个体所有制向集体所有制的转变。农业合作化的完成，使农业发展有条件对土地的利用进行合理规划，逐步进行大规模的水利灌溉、大规模的农田基本建设，逐步推广机械耕作、施肥、杀虫等农业科学技术。但在农业合作化过程中，存在着要求过急、工作过粗、改变过快、形式过于单一的问题。

第二节　农村人民公社化运动

农村人民公社化运动是我们党在20世纪50年代后期全面开展社会主义建设中，为探索中国社会主义建设道路所作的一项重大决策。完成对农业社会主义改造之后，追求一大二公的思想起了主导作用，由高级农业合作社的小社并大社引起的人民公社化运动在全国范围内迅速兴起，使全国农村迅速实现了人民公社化，经过不断纠偏调整，最终形成"三级所有，队为基础"、"政社合一"的人民公社体制。人民公社化运动始于1958年8月中央政治局北戴河会议，通过《关于在农村建立人民公社问题的决议》，8月到10月，全国74万个农业生产合作社合并为2.6万个人民公社。1980年，四川广汉县向阳公社在全国率先取消了人民公社。1980年9月，中共中央发出加强和完善农业生产责任制的文件，责任制迅速推广，人民公社体制随之在全国被逐步废除。

关于在我国农村建立"大社"的思想，早在农业合作化运动的高潮中已初见萌芽。1956年我国农村完成了高级合作化，每社平均200户左右。1957年冬和1958年春，在国民经济"大跃进"思想的指引下，全国农村大搞农田基本建设，一些地方的农业生产合作社在修水库、造林、抗旱中搞起了大协作。1958年3月，中国共产党的成都会议制定了《关于小型农业合作社适当地并为大社的意见》的文件。毛泽东考虑到当时以大搞兴修水利为特点的农业生产建设的发展需要，觉得需要办大社。1958年3月，中共中央政治局成都会议通过了《关于把小型的农业合作社适当地合并为大社的意见》。意见指出："为了适应农业生产和文化革命的需要，在有条件的地方，把小型的农业合作社有计划地适当地合并为大型的合作社是必要的。"会后，各地农村开始了小社并大社的工作，有的地方出现了"共产主义公社"和"集体农庄"，有的地方出现了"人民公社"。1958年7月1日《红旗》杂志第3期《全新的社会，全新的人》一文中，比较明确地提出"把一个合作社变成一个既有农业合作又有工业合作基层组织单位，实际上是农业和工业相结合的人民公社"。这是在报刊上第一次提"人民公社"的名字。1958年7月8日，《人民日报》发表《农业社办食堂促进生产发展和集体主义思想成长》的文章，总结了公共食堂的八大好处：一是吃饭时间一致了，社员出工、开会和学习都不再等待了，可以节省出许多时间用于生产；二是可以把妇女劳动力从做饭的家务劳动中解放出来，增加了一批劳动力；三是解决了单身汉做饭、喂猪的困难；四是家禽家畜集体饲养了，社里的轻微劳动就多一些，稍能劳动的"五保户"都可以参加工作，这样就减少了"五保户"，减轻了社员负担；五是有计划地用粮，就可以消灭吃过头粮的现象，也没有人闹粮食问题了；六是便于发展集体副业；七是过去夫妇、妯娌、姑嫂、婆媳之间，往往因做饭、吃饭问题闹意见，现在这种现象没有了，家庭和睦了；八是人畜分居，卫生情况大改善，社员心情舒畅。把这些问题归结起来，就是增加了劳动力，减少了粮食问题的矛盾，团结了群众，提高了社员集体主义觉悟。

1958年8月6日，毛泽东视察河南新乡七里营人民公社时，说人民公社名字好。8月上旬，毛泽东到河北、河南、山东等地视察，与当地的负责人谈到"小社"并"大社"的问题。毛泽东说："看来'人民公社'是一个好名字，包括工农兵学商，管理生产，管理生活，管理政权。'人民公社'前面可以加上地名，或者加上群众喜欢的名字。"他还总结"人民公社"的特点，"一曰大，二曰公"。在山东时，当地负责人请示"大社"叫什么名称时，毛泽东说："还是叫人民公社好，它的好处是，可以把工、农、商、学、兵合在一起，便于领导。"而后，毛泽东的谈话在《人民日报》发表，"人民公社好"的口号立即传遍全国。各地掀起了办人民公社的热潮。8月27日，中共中央政治局在北戴河举行扩大会议，肯定了人民公社是"一大二公"，是过渡到共产主义的一种最好的组织形式，并作出了《中共中央关于在农村建立人民公社问题的决议》。要求全国各地尽快地将小社并大社，转为人民公社。主要内容是：（1）确定人民公社实行政社合一，工农兵学商相结合。（2）强调小社并大社的方法，首先由原来的各小社联合选出大社的管理委员会，把人民公社的架子搭起来。（3）在并社过程中，要以"共产主义精神"去对待各个小社的公共财产和债务方面的差别。（4）指出人民公社目前是集体所有制，以后可以变为全民所有制，并为向共产主义过渡作准备。该决议下达后，全国迅速形成了人民公社化运动的热潮。9月10日，《人民日报》发表《先把人民公社的架子搭起来》的社论。此后，只用了一个多月的时间，全国农村基本上实现公社化。到10月底，有74万个农业合作社改组成2.6万多个农村人民公社，参加人民公社的农户有约1.2亿个，占总农户的99%以上，全国农村基本上实现了人民公社化。开始准备提前进入共产主义，在人民公社办公共食堂，吃饭不要钱。部分地方甚至声称要消灭家庭，实现军事化，男人女人分开集体居住，拆毁农民的房屋，以便集中居住。所有社员的私有财产充公，因而也有部分农民赶在公社化前杀猪，砍树。

在人民公社化运动中，随着供给制的实行和浮夸风的盛行，许多地方混淆了全民所有制和集体所有制的界限，混淆了社会主义和共产主义的界限，刮起了"一平二调三收款"的"共产风"。在相当大的范围内出现了急于向共产主义过渡的倾向，严重侵犯了农民的经济利益，挫伤了集体和农民的积极性，破坏了农村生产力，使农业经济的发展遭到了重大损失。1958年11月中共中央工作会议（第一次郑州会议）后，毛泽东和中共中央开始逐步纠正人民公社化运动中的错误。1959年2月中共中央召开政治局扩大会议，研究解决人民公社管理体制问题和纠正"一平二调"的"共产风"问题，对公社、管理区（生产大队）、生产队三级职权范围作了具体划分。1960年11月，中共中央发出紧急指示信，明确提出，人民公社应该建立"三级所有，队为基础"的制度，确定以生产（大）队为基础，同时还规定生产队下属的生产小队有小部分所有制，以调动生产队干部的积极性。1961年，毛泽东主持制定了《农村人民公社工作条例（草案）》，进一步明确了在现阶段人民公社实行三级所有，队为基础的制度，这在一定程度上对克服农村工作中的"左"倾错误，调动广大农民的积极性，促进农业的恢复和发展，起了积极作用。1962年9月，中共中央八届十中全会通过进一步修改的《农村人民公社工作条例修正草案》，调整人民公社基本核算单位。规定："人民公社的基本核算单位是生产（小队），'生产小队'实行独立核算自负盈亏，直接组织生产，组织收益分配。"认为以生产队为基本核算单位，能够比较彻底地克服生产队之间的平均主义；生产队的自主权能够得到很好的保障；更适合当时农民的觉悟程度；更有利于改善集体经济和经营管理。调整基本核算单位，是农村经济生活中的一件大事，要求对调整中遇到的经济问题和组织问题，需周密地调查，反复同群众商量，然后再进行处理。

1958年人民公社化以后，我国一直在农村实行人民公社制。基本特征是：在组织机构方面"政社合一"；在生产资料所有制方面，"三级所有，队为基础"；在生产经营管理方面，由集体统一管理和经营，社员在集体经济组织的统一安排下劳动；在劳动报酬方面，主要实行按劳动工分分配的办法。"三级所有，队为基础"实施了长达22年。

一、"一大二公"

"一大二公"是中共中央在社会主义建设总路线的指导下，于1958年在大跃进运动进行到高潮时开展的人民公社化运动两个特点的简称。具体是指第一人民公社规模大，便于进行大规模综合生产建设；第二人民公社公有化程度高，人民公社比农村生产合作社更具社会主义化、集体化。

1958年8月在北戴河举行的中共中央政治局扩大会议，通过了《中共中央关于在农村建立人民公社的决定》，决定在全国开展人民公社化运动。毛泽东在会议上发表了对人民公社的个人看法，为人民公社化定下了基本思路："人民公社的特点：一曰大，二曰公。我看，叫大公社。大，人多（几千户，一万户，几万户），地多，综合经营，工农商学兵，农林牧副渔；大，人多势众，办不到的事情就可以办到；大，好管，好纳入计划。公，就是比合作社更要社会主义，把资本主义残余（比如自留地、自养牲口）逐步搞掉。房屋、鸡鸭、房前房后的小树，目前还是自己的，将来也要公有。人民公社兴办公共食堂、托儿所、缝纫组，全体劳动妇女都可以得到解放。人民公社是政社合一。那里将会逐渐没有政权。"毛泽东这段讲话，后来被浓缩到《人民日报》社论《高举人民公社的红旗前进》一文里，该文发表于1958年9月3日。很快，各地大张旗鼓地推行人民公社化运动，在极短的一个月时间，高级农业社又重新改组为"一大二公"的人民公社，全国有99％的农民加入公社，原来一二百户的合作社合并成四五千户以至一二万户的人民公社。

一大二公是人民公社的指导方针，而在人民公社化运动的过程中，为了实现这一方针，各地普遍采用的是一平二调的具体措施。所谓一平二调，就是"平均主义和无偿调拨物资"的简称。人民公社化运动，否认公社之间、公社内部的合作社之间、社员之间存在着既有的经济差别，贫富拉平，大搞平均主义，不仅把原合作社集体所有的土地、农具等生产资料随意无偿调拨和分配，同时把农民的房屋、农具、家禽牲畜等都收归集体所有，否认农民的私有财产权；同时，对农民的个人生活物资，比如粮食等，实行平均主义的分配方式，否定了按劳分配原则。鉴于基层农民对一平二调的激烈反对态度，毛泽东在1960年11月28日作出了《永远不许一平二调》的批示："无论何时，队的产业永远归队所有或使用，永远不许一平二调。公共积累一定不能多，公共工程也一定不能过多。不是死规定几年改变农村面貌，而是依情况一步一步地改变农村面貌。"

二、"政社合一"

"政社合一"是指人民公社的政社合一体制，实际上是在社会一体化基础上将国家行政权力和社会权力高度统一的基层政权形式。公社的政权性质是"政社合一"。在人民公社化以前，中国农村实行的是乡社分立的管理体制，乡是基层政权，合作社是农业经济组织。1958年8月中共中央作出《关于在农村建立人民公社问题的决议》，号召将高级农业合作社合并转为人民公社，实行同乡基层政权相结合的"政社合一"体制，人民公社同时也是农村社会的基层单位。广大农村普遍建立了政社合一、分级管理的体制。人民公社既是生产组织，也是基层政权；既是一种经济组织，也是一种政权机构。它不但负责全社的农业生产，而且还对工农商学兵等实施统一管理。

人民公社初建阶段，一般实行全社统一核算、分级管理。下设生产大队（其范围相当于高级社），生产大队基本以地理意义上的自然村落为基础而设置，生产大队以下设生产队。普遍情况下，生产队为基本核算单位。也有以区建社的，则按乡设管理区，以下建制相同。分配上曾实行口粮供给制。社员的大型牲畜、农具、耕地、自留地等一切与农业生产相关的生产资料转归集体经营。

三、"三级所有，队为基础"

1958年8月中共中央关于在农村建立人民公社问题的决议中就规定：首先由原来各小社（高级农业社）联合选出大社（公社）的管理委员会，统一规划部署工作，把原来的各小社改为生产队，原来的一套生产组织和管理制度暂时不变。1958年12月党的八届六中全会关于人民公社若干问题的决议中明确规定：人民公社应当实行统一领导、分级管理的制度，并且规定一般可以分为公社管理委员会、生产队（即基本核算单位）、生产小队（即组织劳动的基本单位）三级。随后，1959年3月，党中央进一步明确规定：公社应当实行"三级管理，三级核算，并且以队的核算为基础"。1960年11月3日，中共中央发出《关于农村人民公社当前政策问题的紧急指示信》（简称《十二条》）。指示信规定：人民公社实行三级所有，队（相当原高级农业生产合作社）为基础，至少7年不变；加强生产队的基本所有制，坚持生产小队的小部分所有制；彻底纠正"一平二调"的错误；允许社员经营少量的自留地和小规模的家庭副业，鼓励社员养猪；有领导有计划地恢复农村集市等。但公共食堂仍然坚持。1961

年5月中央工作会议上正式决定取消供给制，规定办不办食堂，"完全由社员讨论决定"，"实行自愿参加、自由结合、自己管理、自负开销和自由退出的原则"，实际上是取消了公共食堂制度。而后，中共中央提出《农村人民公社工作条例（草案）》供各地试行；同年秋，又决定将基本核算单位基本上下放到生产队。1962年2月，经过充分讨论后，中共中央发出《关于改变农村人民公社基本核算单位问题的指示》，决定农村人民公社一般以生产队（即小队，相当于初级社）为基本核算单位。1962年9月，《农村人民公社工作条例修正草案》正式颁布，明确规定人民公社的基本核算单位是生产队，实行"三级所有，队为基础"，即生产资料分别归公社、生产大队和生产队三级所有，而以生产队所有制为基础。除公社和生产大队不同程度地拥有一些大型农业机械和水利设施、举办一些集体企业外，土地、耕畜和农具归生产队所有。生产队实行独立核算、自负盈亏，直接组织生产和收益的分配。按劳动工分计酬，恢复社员自留地。

人民公社里的主要生产资料基本上归生产队所有，产品也必须基本上由生产队分配。生产小队收获的农产品和其他经营的收入，凡在包产任务以内的，都必须如实上交给生产队统一分配；超产部分也应该按照规定比例上交一部分，由生产队统一分配。生产队的全部收入（包括队一级经营的和各小队上交的收入），除了按照规定交纳国家税收和向公社交纳一定数量的公积金以外，其余的都在各个生产队内部分配，由各个生产队各计盈亏。

生产队应当按照公社的规定抽出一定比例（例如5％左右）的公积金、公益金，扣除生产费用、流动资金和其他必要的开支以后，其余的都按照包产包工包成本和超产奖励的办法分给生产小队。在保证完成国家统一的收购计划和按照规定留足自用部分之后，粮食的多余部分生产队可以多卖或自行储备，留下的自用部分由生产队统一管理；工业原料作物和副食品在完成国家统购计划和按照规定留下自用部分之后还有多余的，应当多卖，用现金在队内进行分配。土地、耕畜、农具固定在小队，归小队使用，劳动力也固定在小队，生产队、公社都不应该随意变动；在一个生产年度尚未结束之前，决不能从小队抽调劳动力，抽走土地、耕畜、农具。这种制度在当时体现了大规模集体经营的优越性，又发挥了地区经济的积极性和主动性。

第三节 家庭联产承包责任制

党的十一届三中全会以后，由于实行了多种形式的农业生产责任制，我国农村发生了重大变化，促进了农业从自给自足经济向商品生产转化，从传统农业向现代化农业转化。这种趋势，预示着我国农村经济的振兴将更快到来。但某些上层建筑的改革赶不上经济基础变化的需要，为改变这种状况，从1979年开始，对农村人民公社政社合一的体制进行了改革。1983年10月至1984年底，在总结了各地试点经验的基础上，中共中央、国务院联合发出《关于实行政社分开建立乡政府的通知》，提出"当前的首要任务是把政社分开，建立乡政府，同时按乡建立乡党委"，要求各地在1984年底以前完成建立乡政府的工作，改变党不管党，政不管政和政企不分的状况。在政社分开的同时，各地在基本相当于原生产大队的范围内设村，成立农村基层群众性自治组织——村民委员会。

一、家庭联产承包责任制

文化大革命结束后，中国国内社会动荡，生产力始终没有得到恢复，农民生活极其困苦；在这样的情况下，安徽省凤阳县小岗村18位农民签下"生死状"，将村内土地分开承包，开创了家庭联产承包责任制的先河，使得当年小岗村粮食大丰收。

1978年11月24日晚上，安徽省凤阳县凤梨公社小岗村西头严立华家低矮残破的茅屋里挤了18位农民。关系全村命运的一次秘密会议此刻正在这里召开。这次会议的直接成果是诞生了一份不到百字的包干保证书。其中最主要的内容有三条：一是分田到户；二是不再伸手向国家要钱要粮；三是如果干部坐牢，社员保证把他们的小孩养活到18岁。在会上，队长严俊昌特别强调："我们分田到户，瞒上不瞒下，不准向任何人透露。"1978年，这个举动是冒天下之大不韪，也是一个勇敢的甚至是伟大的壮举。

1979年10月，小岗村打谷场上一片金黄，经计量，当年粮食总产量66吨，相当于全队1966年到1970年5年粮食产量的总和。从1958年人民公社化以来，在关于农村的文字中，"包产到户"是个出现频率很高的词汇，也是常被质疑和批判的。即使在小岗村获得丰收的1979年，批评"包产到户"的声音也不绝于耳。但是，1980年5月31日，邓小平在一次重要谈话中公开肯定了小岗村"大包干"的做法。当时国务院主管农业的副总理万里和改革开放的总设计师邓小平对这一举动表示的支持传达了一个明确的信息：农村改革势在必行。1982年1月1日，中国共产党历史上第一个关于农村工作的一号文件正式出台，明确指出包产到户、包干到户都是社会主义集体经济的生产责任制。

此后，中国政府不断稳固和完善家庭联产承包责任制，鼓励农民发展多种经营，使广大农村地区迅速摘掉贫困落后的帽子，逐步走上富裕的道路，中国因此创造了令世人瞩目的用世界上7%的土地养活世界上22%人口的奇迹。

家庭联产承包责任制是20世纪80年代初期中国大陆在农村推行的一项重要的改革，是农村土地制度的重要转折，也是现行中国大陆农村的一项基本经济制度。十一届三中全会以来，中国大陆推行改革，而改革最早始于农村改革，农村改革的标志为"包产到户（分田到户）"，即后来被称为"家庭联产承包责任制"（俗称"大包干"）。家庭联产承包责任制是指农户以家庭为单位向集体组织承包土地等生产资料和生产任务的农业生产责任制形式。其基本特点是在保留集体经济必要的统一经营的同时，集体将土地和其他生产资料承包给农户，承包户根据承包合同规定的权限，独立作出经营决策，并在完成国家和集体任务的前提下分享经营成果，一般做法是将土地等按人口或劳动力比例，根据责、权、利相结合的原则分给农户经营。

二、包产到户、包干到户

家庭联产承包责任制在承包形式上有包产到户和包干到户两种形式。"包产到户"是指分配功能仍由集体行使，农民收获后将产品全部或部分交给集体，由集体根据承包任务完成情况分配；而"包干到户"则是指农民只需完成上交任务，其余产品都归自己支配。"包干到户"也叫大包干，一般由农村集体经济组织（主要在农村人民公社时期）成员，以家庭（农户）为单位，根据生产的需要，按劳动力或者按人口、劳动力、一定比例平均承包土地，或者根据劳动力强弱、技术高低不同，承包不同数量的土地。土地承包期可长达15年以上。生产周期长的和开发性的项目，如果树、林木、荒山、荒地等，承包期可更长一些。同时与生产队签订向国家交纳农业税、向集体交纳积累和其他集体提留任务的包干合同，社员自行安排各项生产活动。按合同完成各项包干上交任务之后，剩余的全部产品归承包者所有。社员在承包期内，因无力耕种或转营他业的，应将土地交给集体统一安排，也可经集体同意，由社员自找对象协商转包，但不得擅自改变原承包合同的内容。

包干到户可以充分调动承包者的积极性，进而改进生产技术，提高劳动效率，降低生产成本，提高管理水平，促进生产的发展，避免了生产上的瞎指挥和分配上的平均主义。这种形式对农民来说，利益最直接，责任最具体，方法最简便，符合现阶段中国农村生产力的发展水平和农民的意愿，是当前中国农村家庭承包经营制中最主要、最基本的形式。

"包干到户"与"包产到户"的区别。中共中央（1980年）75号文件强调："专业承包联产计酬责任制，就是在生产队统一经营的条件下分工协作，擅长农业的劳动力，按能力大小分包耕地；擅长林牧副渔工商各业的劳动力，按能力大小分包各业；各业的包产，根据方便生产、有利经营的原则，分别到组、到劳力、到户；生产过程的各项作业，生产队宜统则统，宜分则分；包产部分统一分配，超产或减产分别奖罚；以合同形式确定下来当年或几年不变。"1982年1月1日，中共中央批转《全国农村工作会议纪要》，指出："目前实行的各种责任制，包括小段包工定额计酬，专业承包联产计酬，联产到劳，包产到户、到组，包干到户、到组，等等，都是社会主义集体经济的生产责任制。不论采取什么形式，只要群众不要求改变，就不要变动。"

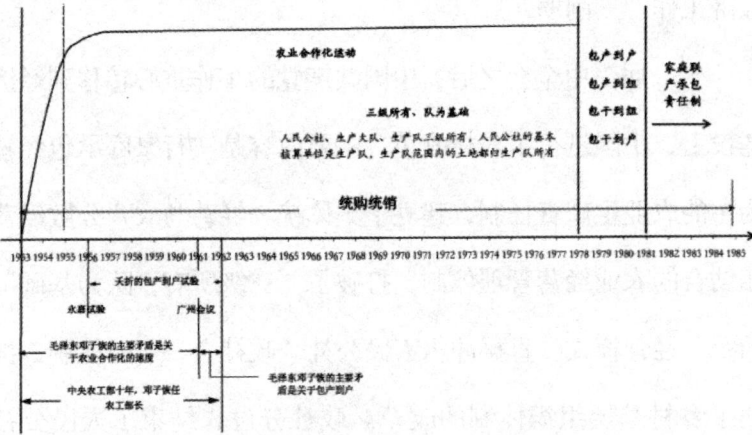

三、政社分设、公社消亡

"政社合一"的人民公社是在1958年高级农业生产社基础上的组织。成立初期，生产资料实行过单一的公社所有制，在分配上实行过工资制和供给制相结合，并取消了自留地，曾办大食堂，人们吃的饭菜由食堂统一烧煮。后经多次调整，1962年以后，绝大多数人民公社实行了"三级所有，队为基础"的制度，恢复和扩大了自留地和家庭副业。同时，把基层政权机构（乡人民委员会）和集体经济组织的领导机构（社管理委员会）合为一体，统一管理全乡、全社的各种事务。人民公社"政社合一"的体制，因权力过于集中，容易用行政命令管理经济，不利于保障群众的民主权利，使党的工作、政权工作、经济工作"三削弱"。

十一届三中全会之后，中国共产党的工作重心转移到经济建设上，中国进行了农村改革。主要内容是实行家庭承包经营为主的农业生产责任制，建立了集体统一经营与农户分散经营相结合的农业经营管理体制，打破了"三级所有，队为基础"的统一经营模式。直接冲击人民公社"政社合一"的体制，推动了乡村基层组织体制的改革。政社分设，结束了人民公社"政社合一"、"三级所有、队为基础"的体制，党的建设、政权工作和经济工作都得到了加强。

1982年制定的宪法规定，农村建立乡政府和群众性自治组织村民委员会，基层政权机构和地区性合作经济组织分开设立。中共中央1983年1号文件，即1982年12月31日政治局讨论通过的《当前农村经济政策的若干问题》指出："人民公社的体制，要从两方面进行改革。这就是，一是实行生产责任制，二是实行政社分设。"1983年10月12日，中共中央、国务院发出《关于实行政社分开建立乡政府的通知》，指出：当前的首要任务是把政社分开，建立乡政府；乡的规模一般以原有公社管辖范围为基础；乡的编制要力求精干，不得超过现在公社的人员编制；乡人民政府建立后，要按照《中华人民共和国地方各级人民代表大会和地方各级人民政府组织法》的规定行使职权，领导本乡的经济、文化和各项社会建设，做好公安、民政、司法、文教卫生、计划生育等工作；政社分开以后，经济体制的改革继续按照中共中央1983年1号文件的精神进行。

第四节　新时期农民合作社发展

20世纪80年代中期以来，农民专业合作社逐渐在农民中发展，党和政府给予明确支持。2007年7月1日，《中华人民共和国农民专业合作社法》施行。各种形式的农民合作组织正在自发地或是有组织地发展。这一时期的合作社是农村市场化的客观结果，是按照"罗虚代尔合作社"原则自发生成的合作社，具有旺盛的生命力，与计划经济时期政府干预和主导下的合作社有本质上的区别。

一、新时期农民专业合作社的特点

农民专业合作社是在农村家庭承包经营基础上，同类农产品的生产经营者或者同类农业生产经营服务的提供者、利用者，自愿联合、民主管理的互助性经济组织，为解决市场经济新形势下农户分散的小生产与大市场的矛盾，生产同类产品或提供同类服务的农户组成的市场主体。农业专业合作社是以其成员为主要服务对象，提供农业生产资料的购买，农产品的销售、加工、运输、贮藏以及与农业生产经营有关的技术、信息等服务。合作社作为一种特殊的经济组织，有其独特的宗旨和目的。合作社是劳动者结成的利益共同体，是劳动者进行自我服务的组织。合作社根据社员的愿望和要求，开展业务经营活动，并通过组织力量，在激烈的市场竞争中，使社员的利益得到保护和实现，客观存在的根本目的不是获取利润，而是为全体成员提供多种所需的服务，最终实现共同富裕。因此，为成员服务是其始终不变的宗旨。农民专业合作社有五个特点：

（1）它是一种具有互助性质的经济组织。农民专业合作社首先是一个经济组织，着重解决的是农业组织化程度不高和农民进入市场难、竞争力弱的问题；其次农民专业合作社是以成员自我服务为目的而成立的，参加合作社的成员都希望借助联合起来的力量，以合作互助提高规模效益，解决单个人在生产经营中不能解决的问题。这种互助性的特点决定了合作社是以其成员为主要服务对象，并以服务成员为宗旨，致力于完成一家一户办不了、办不好、办了不合算的事。

（2）农民专业合作社建立在农村家庭承包经营基础之上。农民成立专业合作社，不能够改变和动摇家庭承包经营这个农村基本生产经营制度。

（3）农民专业合作社是以农民为主体的专业性经济组织。从定义上我们可以看出，它是同类农产品的生产经营者或者同类农业生产经营服务的提供者、利用者，自愿联合、民主管理的互助性经济组织。因为只有"同类"才能够有共同利益的需求，而我们的专业合作社正是为了满足这种共同利益的需求。所以，农民专业合作社经营服务的内容具有很强的专业性。

（4）农民专业合作社是自愿联合和民主管理的经济组织。《中华人民共和国农民专业合作社法》第三条规定的农民专业合作社应当遵循的"入社自愿，退社自由"和"成员地位平等，实行民主管理"的原则充分体现了农民专业合作社是在成员自愿联合、民主管理的基础上形成的，任何单位和个人都不得违背农民意愿，强迫他们成立或参加农民专业合作社。

（5）农民专业合作社是以盈余返还为特征的经济组织。合作社的当年收益，在按一定比例弥补亏损和提取公积金后，应按成员与合作社的交易量（额）比例返还，返还总额不得低于可分配盈余的60%，这是合作社与一般企业的根本区别。

二、新时期农民专业合作社的发展历程

按照不同的划分标准，新时期农民专业合作社的发展历程也不尽相同，但整体上反映的是改革开放后的合作社发展现状。

从合作社产生和发展的规模、趋势看，主要分为以下下三个阶段：兴起阶段（1978—1989）；新浪潮阶段（1990—1999）；高速发展阶段（2000年至今）。

从合作社主体演化历程看，主要分为以下三个阶段：农民自发起步阶段（20世纪80年代中期至90年代中期）；政府引导发展阶段（20世纪90年代中后期至2006年）；依法规范发展阶段（2006年10月31日《农民专业合作社法》颁布以后）。

在国家的重视下，尤其是2007年《中华人民共和国合作社法》实施以来，农民专业合作社在全国各地快速发展，遍地开花。具体数字如下表所示。

农民专业合作社发展趋势（2009—2012）

时间	合作社数量 （单位：万）	社员数量 （单位：万）	占全国农户总数比例 （单位：%）
2009	24.64	2100	8.2%
2010	37.91	2900	11%
2011	52.17	4100	16.4%
2012	68.9	5300	20.3%

三、新时期国家对农民专业合作社的重视

1984年底，中央1号文件废除了人民公社体制，以家庭承包经营为基础，统分结合的双层经营体制在全国农村得以全面确立，按照政社分设的原则，我国在乡村设置了社区集体经济组织，承担原人民公社的经济职能。文件同时明确提出，农民群众可以不受地区限制，自愿参加或者组成不同形式不同规模的各种专业合作经济组织。这是国家层面第一次明确提出了支持鼓励农民专业合作经济组织发展的意见和要求。农业部随后在安徽、陕西、山西开展试点，后陆续扩大到部分省的6个地级市和100个专业协会，紧接着农业部在浙江全省开展农民专

业合作经济组织发展试点。但合作社发展依然落后于农村经济社会发展。进入新世纪，"三农"发展迎来了又一个新的黄金期。2003年，我国启动合作社立法工作。经过三年努力，2006年连续三次审议并高票通过的《中华人民共和国农民专业合作社法》，最终于2006年10月31日经十届全国人大常委会颁布，2007年7月1日，《中华人民共和国农民专业合作社法》正式实施，这是我国合作社发展史上具有里程碑意义的一件大事。合作社法赋予了合作社独立的法人地位，为合作社的发展提供了坚强的法律保障，农民专业合作社由此进入了依法发展的新阶段。此后，与之配套的《登记管理条例》《示范章程》和《财务会计制度》相继颁布实施，引导并推动了地方《农民专业合作社法》实施办法或条例的立法进程。不仅如此，从2004年开始，中央连续出台9个一号文件，明确提出一系列支持合作社发展的政策措施，支持合作社发展已成为共识。得到了制度保障的农民专业合作社迎来一个发展的高潮，自2007年7月1日以来，平均每个月新增依法登记的合作社近万家。2008年10月，党的十七届三中全会旗帜鲜明地提出：按照服务农民、进退自由、权利平等、管理民主的要求，扶持农民专业合作社加快发展，使之成为引领农民参与国内外市场竞争的现代农业经营组织。2010年，党的十七届五中全会通过了"十二五"规划纲要，明确提出了同步推进工业化、城镇化和农业现代化的重大战略思想。纲要指出，农民专业合作社是提高农民组织化程度、创新农业经营体制机制的有效途径，对于建立和完善与生产力相适应的现代农业经营制度具有重要意义，也是建设现代农业的重要内容。一系列推动加快合作社发展的政策相继问世，使合作社进入了发展的最好时期之一。财政、税收、金融和涉农项目、产业支持等一系列扶持政策的出台，初步建立起了农民专业合作社扶持政策体系。

农民合作社的发展历史是一篇巨幅画卷，具有浓厚的时代烙印和历史情怀，彰显了中国农民艰苦创业、勤劳淳朴的品格，以及不计得失、无私奉献的家国道义。这个过程，有辉煌，有低谷，有进步，也有曲折，这都是事物发展过程中必经的阶段。正如一句哲言所说："道路是曲折的，前途是光明的。"当前，合作社建设正如火如荼地进行着，在这宏大的时代背景下，系统性地研究合作社的历史演进道路，具有重大的理论价值和现实意义。因此，回顾历史，既是在总结经验和教训，同时也是为了更好地促进合作社的发展；展望未来，合作社是中国现代农业发展的坐骑，承载着中国农民脱贫致富的梦。

参 考 文 献

[1]王贵宸.中国农村合作经济史[M].山西经济出版社，2006.

[2]蒋玉▪.合作经济思想史论[M].安徽人民出版社，2008.

[3]杨茂军.19世纪英国基督教社会主义研究[D].河南大学，2008.

[4]何国平.走向市场：农业流通领域合作组织的理论与实践[D].西南财经大学，2005.

[5]王勤.清末以来中国农民组织的立法研究[D].华中师范大学，2009.

[6]罗萍.贵州省农民专业合作经济组织问题研究[D].贵州大学，2006.

[7]马赛.列宁的合作社思想与中国农业的"两个飞跃"[D].中南大学，2007.

[8]王希凡.基于产业组织的农业竞争力研究[D].山东农业

大学，2004.

[9]陈润莲.我国新型农民合作经济组织运行机制研究[D].西南财经大学，2007.

[10]陈磊.中国共产党农村建设的理论与实践研究（1949—1978）[D].山东师范大学，2009.

[11]农朝.合作社思想的传播与合作社运动的发展[J].农村经营管理，2007（02）：26—31.

[12]谭启平.论合作社的法律地位[J].现代法学，2005（04）：114—123.

[13]陈婉玲.合作社思想的源流与嬗变——基于合作社法思想基础的历史考察[J].华东政法大学学报，2008（4）.

[14]国际合作社联盟第六届亚太地区大会在泰国召开穆励再次当选亚太地区主席[J].中国合作经济，2005（01）：14.

[15]国鲁来.合作社的产生及马克思恩格斯的合作社思想[J].马克思主义研究，2008（03）.

[16]吴德慧.恩格斯晚年的农业合作社思想及其当代价值[J].经济研究导刊，2010（2）.

[17]陈新田.恩格斯关于农业合作社的探索及其启示[J].咸宁学院学报，2004（02）.

[18]罗骏.马克思恩格斯列宁合作经济思想探究[J].四川大学学报（哲学社会科学版），2005（06）.

[19]史冰清.合作思想和合作社[J].中国合作经济评论，2011（2）.

[20]张新伟，赵阳林.关于合作制的理论[J].中国供销合作经济，2002（08）.

[21]高继文.论列宁的农业合作制理论[J].山东师大学报（社会科学版），2000（01）.

[22]张志忠.马克思主义的农业合作制理论[J].内蒙古大学学报（哲学社会科学版），1991（02）.

[23]钟瑛.关于合作制理论[C]."中国农业合作经济发展"论坛.